Benedikt XVI.

Christian Feldmann

Benedikt XVI.

Sein Leben, sein Denken, seine Botschaft

Verlag Friedrich Pustet
Regensburg

Bibliografische Information der Deutschen Nationalbibliothek
Die Deutsche Nationalbibliothek verzeichnet diese Publikation in der Deutschen Nationalbibliografie; detaillierte bibliografische Daten sind im Internet über http://dnb.dnb.de abrufbar.

Gutenbergstraße 8 | 93051 Regensburg
Tel. 0941/920220 | verlag@pustet.de

ISBN 978-3-7917-3074-5
Satz: Vollnhals Fotosatz, Neustadt a. d. Donau
Druck und Bindung: Friedrich Pustet, Regensburg
Printed in Germany 2023

eISBN 978-3-7917-6152-7 (epub)

Unser gesamtes Programm finden Sie unter
www.verlag-pustet.de

Inhalt

1

Ein Papst aus dem Land der frommen Anarchisten

„Ich bin natürlich ein Bayer geblieben,
auch als Bischof von Rom“

Das Konklave, die Wahlprozedur, womit die katholische Kirche nach dem Tod eines Papstes ihr neues Oberhaupt bestimmt, erinnert an die mysteriöse Erwählung des Dalai Lama im fernen Osten. Hermetisch von der Außenwelt abgeriegelt, tagen die Kardinäle in der Sixtinischen Kapelle des Vatikans unter Michelangelos „Jüngstem Gericht“. Über Personen und Programme dürfen sie kein Wort verlieren – während sie in Wirklichkeit natürlich hektisch an Kandidatenprofilen feilen und über Wahlbündnisse diskutieren. Der Welt tun sie das Ergebnis ihrer Stimmabgabe kund, indem sie die Wahlscheine mit feuchtem Stroh und Pech verbrennen. Das ergibt schwarze Rauchschwaden. Ist der neue Papst gewählt, lässt man das Pech weg, und aus dem Schornstein der Sixtina dringt weißer Rauch. Ein Ritual wie aus alten Sagen.

Das Konklave ist immer für Überraschungen gut. Die letzten Male hat es der katholischen Christenheit ausgesprochene Exoten beschert: 1978 den Papst aus Polen, der mit seinem Hofstaat gern mal Wodka trank, Aktenstudium hasste, lieber auf Reisen ging und die Kommunisten in seiner Heimat unter der Fahne der Schwarzen Madonna von

Tschenstochau das Fürchten lehrte. 2005 dann den bayerischen Gendarmensohn, nach oberflächlichem Medienurteil eine Mixtur aus fröhlichem Schöngeist und finsterem Aufklärungsgegner, beängstigend gescheit und gleichzeitig auf eine sture Weise fromm, ein eigentlich ganz sympathisches Fossil aus dem Land der Kuhglocken und Zwiebeltürme, in dem die Uhren etwas anders gehen. Auf jeden Fall langsamer. Und schließlich 2013 nach Benedikts sensationellem Rücktritt den argentinischen Jesuiten Bergoglio, der sich nach dem Heiligen der Armen und der Schöpfung Franziskus nennt und manchen Vatikanbeamten zur Verzweiflung bringt, weil er auf all das barocke Brimborium verzichtet, mit Obdachlosen Mittag isst und ständig von den im Mittelmeer ertrinkenden Geflüchteten redet.

Doch die Klischees über Ratzinger-Benedikt, den nobelpreisverdächtigen theologischen Vordenker mit dem Kinderglauben, stimmen ebenso wenig wie die über seine hinterwäldlerische Heimat.

„Mach ma halt a Revolution, damit a Ruah is!“

„In Bayern sind 60 Prozent der Bevölkerung Anarchisten, und die wählen alle die CSU.“ Der listig-krude Poet und Filmemacher Herbert Achternbusch – aufgewachsen bei seiner Oma im Bayerischen Wald – brachte es auf den Punkt: Zum bayerischen Nationalcharakter gehören eine wilde Freiheitsliebe und viel mehr Toleranz, als man glaubt. „Leben und leben lassen“ heißt das oberste Motto. Ob Städter oder Bauern, kleine Tagelöhner oder Klosterbewohner, die Bayern haben sich von weltlichen und kirchlichen Obrigkeiten noch nie viel gefallen lassen, und die Staatspartei CSU hat ihre Traumergebnisse über Jahrzehnte hinweg weniger der eigenen politischen Leistung verdankt als der Furcht ihrer Wähler, von den Preußen, der Bundespolitik oder den Europa-Behörden in Brüssel geschluckt zu werden.

Mit einem Trauma beginnt die bayerische Geschichte: 788 steckte Karl der Große den vermeintlich unzuverlässigen Bayernherzog Tassilo III. mit seiner ganzen Sippschaft in ein Klosterverlies und zog seine Güter ein, Bayern gehörte fortan zum Reich. Was sich ein paar Jahrzehnte später freilich wieder änderte, das Herzogtum Bayern erstand neu – mit Österreich als Anhängsel –, die Wittelsbacherherzöge erwarben 1214 die Rheinpfalz dazu, Kaiser Ludwig der Bayer arrondierte seine Besitztümer mit Brandenburg, Tirol und Holland. Irgendwie kann das Klischee von den Hinterwäldlern nicht so recht stimmen. Das Verhältnis zwischen dem Heiligen Römischen Reich Deutscher Nation und dem starken Voralpenstaat schwankte jahrhundertelang zwischen Symbiose, Bündnistreue und Rebellion.

So betrachtet, war der Schlösser bauende und Kriege hassende „Märchenkönig" Ludwig II. weniger eine psychopathische Ausnahmeerscheinung als ein typischer sturer Bayer, als er sich einen Dreck um die Weltmachtansprüche seiner Monarchenkollegen scherte und Bismarcks Visionen vom neuen kleindeutschen Reich lange die kalte Schulter zeigte.

Am anderen Ende der gesellschaftlichen Skala finden sich die Robin Hoods aus den Wäldern. Banditen mit Herz wie den Räuber Heigl oder den zu Film- und Bühnenehren gelangten Mathias Kneißl bewunderte und liebte das Landvolk: Rebellen, die den Reichen von ihrem unverschämten Luxus etwas wegnahmen und es nicht selten den Armen gaben, stellvertretende Rächer, die für ausgleichende Gerechtigkeit sorgten und der Staatsmacht kühn ein Schnippchen nach dem andern schlugen.

Einödbauern, Wirtsleute, fahrende Krämer versteckten die Outlaws, versorgten sie mit Essen, führten die Gendarmen irre. Langsam, aber beharrlich entwickelten die gegängelten kleinen Leute einen Anspruch, an gesellschaftlichen Entscheidungsprozessen mitzuwirken und über das eigene Leben selbst zu bestimmen. 1918 rief der Sozialist Kurt Eisner in München die bayerische Republik aus. Seine meist sehr besonnen agierenden Arbeiter- und Soldatenräte wirkten überraschend harmonisch mit aufgeschlossenen Bauernvertretern aus dem Umland zusammen. Die Bauernbünde kämpften schon lange gegen Großbauern, Adel und hohen Klerus – gemeinsam mit Dorfkaplänen, Lehrern und katholischer Arbeiterbewegung.

Die bayerischen Revolutionäre waren offenbar erheblich gelassener und weniger fanatisch als ihre Berliner und Hamburger Gesinnungsgenossen, die es ihnen kurz darauf nachtaten: 1918 kam es im Münchner Mathäserbräu zu erregten Diskussionen zwischen den Eisner-Leuten und den bedächtigeren Sozialdemokraten. Da stand ein gewisser Zankl Sepp auf und besänftigte die Gemüter mit der Parole: „No ja, Genossen, mach ma halt a Revolution, damit a Ruah is!"

Ratzinger, Karl Valentin und die Freude an der Ironie

Als am 11. Februar 1948 auf dem Waldfriedhof Planegg der Tragikomiker Karl Valentin zu Grabe getragen wurde, marschierte ein 20-jähriger Theologiestudent aus München stundenlang über verschneite Landstraßen, um dem von ihm vergötterten Sprachakrobatiker die letzte Ehre zu geben. Sein Name: Joseph Ratzinger.

Wer sich in der Barockliteratur und in der süddeutschen Theaterlandschaft auskennt, wird in Karl Valentins Misstrauen gegenüber Selbstverständlichkeiten und in seinem tiefgründelnd-destruktiven, zertrümmernden Umgang mit der Sprache etwas von der bayerischen Seele erkennen. Auch Bert Brecht – privat ein gefühlsarmer Pascha und gleichzeitig zartfühlender Anwalt der Würde klein gehaltener Menschen – war ein Bayer. Und wie Ratzinger ein Bewunderer von Karl Valentin: „Dieser Mensch ist ein durchaus komplizierter, blutiger Witz. (...) Hier wird gezeigt die Unzulänglichkeit aller Dinge, einschließlich uns selber."

Zu Brechts und Valentins literarischen Vorfahren zählt Graf Franz von Pocci, Zeremonienmeister am Münchner Hof des kunstsinnigen Königs Ludwig I., Komponist, Karikaturist und Märchendichter. Der Pocci Franzl holte den charmanten Possenreißer Pulcinello aus der italienischen Commedia dell'Arte ins Bayerische herüber und machte ihn zum Kasperl Larifari, den nicht nur die Kinder lieben. Der Kasperl erscheint zwar als Hoffnungsträger wider Tod und Teufel und führt letztlich immer das Gute zum Sieg; aber er erscheint auch als verantwortungsloser Nichtsnutz, der sich dem möglichen Sinn von Welt und Geschichte verweigert und alle Weisheit und Moral in bloßes Spektakel verwandelt.

Die bayerische Kulturfracht ist bunt und zwiespältig. Die bis heute nachwirkende rauschhaft-sinnliche Barockfrömmigkeit gehört dazu mit ihren todtraurigen Ölbergandachten und prächtigen Fronleichnamsprozessionen. Am Fest Christi Himmelfahrt zog man während des Gottesdienstes eine Statue des auferstandenen Heilands durch ein Loch in der Kirchendecke empor, unter Gesang und Orgeljubel – und kaum war Christus auf den Dachboden entschwunden, ließen die Ministranten durch dieselbe Öffnung Hostien und Wasser auf die Kirchenbesucher herunterregnen: Trotz Himmelfahrt bleibt der Herr in Taufe und Mahlfeier bei den Seinen.

Die Lust am Sinnlichen, Greifbaren paart sich bei den Bayern mit einer gesunden Skepsis gegenüber großmäuligen Worten und geschwätzigen Theorien. Auf dem Dorf pflegten die Männer einst während der Sonntagspredigt die Kirche zu verlassen, weil da „ja bloß geredet wird". Nüchtern und unromantisch ist dieser Menschenschlag – dabei von einem wortkargen, zupackenden Mitgefühl und bisweilen ziemlich sentimental. Wirklichkeit ist hierzulande etwas höchst Zweifelhaftes, so dass der echte Bayer am liebsten gar nichts wissen, sondern nur glauben will – was sich freilich sogleich wieder an seiner tief eingewurzelten Skepsis bricht: „Geh weiter!" (auf Norddeutsch: Was du nicht sagst!), beginnt er in verblüfftem Ton seine Kommentare, was den staunenden Zweifel beinhaltet und das Denken im Irrealis befördert.

„Schlampige Religiosität" unter Barocktürmen

Der Passauer Kabarettist Bruno Jonas hat eine interessante Erklärung dafür, warum die ungeschlachten Bajuwaren im 8. Jahrhundert Christen wurden: Wenn die argwöhnischen Ur-Bayern die iroschottischen Missionare damals nicht gleich wieder heimgeschickt oder umgebracht hätten (Ausnahmen bestätigen die Regel), dann könne das nur daran liegen, dass sie mit ihren keltischen und germanischen Göttern unzufrieden gewesen seien. Und an der raffinierten Toleranz der Missionare, die einfach ein zusätzliches Glaubensangebot gemacht, einen attraktiven Blick ins Jenseits ermöglicht hätten. Der frühe Bayer werde darauf wohl gesagt haben: „Probiern kannt ma's ja amoi. Wenn's net schad'. Schaden wird's scho net!"

Georg Ratzinger, der ältere Bruder von Papst Benedikt und einst Chef der Regensburger „Domspatzen", meinte wohl etwas Ähnliches, wenn er in den zahllosen Interviews nach dem Konklave von der „schlampigen Religiosität" seiner bayerischen Landsleute sprach. Ein gelassener, unbefangener Umgang mit dem Himmel muss kein Zeichen von Ehrfurchtslosigkeit sein. Trübe Fundis haben in Bayern jedenfalls weniger Chancen als anderswo.

Der breitschädelige Oskar Maria Graf, Schwabinger Bohème-Dichter, 1933 emigriert, 1967 in New York gestorben, trat dort und in Moskau in Lederhose und Trachtenjanker auf – und war doch ein scharfsinniger politischer Denker, weltgewandt, tolerant, mit einem empfindlichen Gewissen. Er wusste, welche Probleme die Frömmler mit der legeren Spiritualität seiner Landsleute hatten; „aber schaut euch doch einmal das Innere unserer berühmtesten Barockkirchen genauer an, was da für ein sinnlich-unfrommer Witz, für eine ausschweifend weltliche Phantasie, was für eine geradezu knisternd-listige Humorigkeit und unbändig saftige Lebenslust herumgeistert, dann begreift ihr vielleicht, warum auch die heiligmäßigen Sachen für uns etwas Komisches und Fideles haben müssen wie alles Lebendige. Wär's anders – wie könnten wir überhaupt katholisch sein!"

Nichts erscheint in diesem Land der versöhnten Widersprüche normaler als der an Intellektualität wie Glaubenskraft gleich starke Theologiestudent Ratzinger am offenen Grab des Erzkomikers Karl Valentin. „Derb, direkt und äußerst respektlos" sei der bayerische Volksglaube, sagt Graf, mit einer Beimengung von viel „Heidnisch-Fetischhaftem" und einem „fast animalischen Hang zum Greifbaren": Nie werde ein Bayer abstrakt von „Gott" reden, „er sagt stets ‚Herrgott', weil in dieser Verbindung die unantastbare Autorität des ‚Herrn' über alle vermeintlichen Herren den gültigen Ausdruck findet." Aber es sei eben ein Herrgott, der „ein unverwirrbares Zutrauen, eine arglose Heiterkeit und ein warmes Gernhaben in uns erweckt (…), nicht aber einer, vor dem man Angst und Furcht hat. Wir Bayern sind kein ‚gottesfürchtiges', sondern ein gottanhängliches Volk."

Das renitente Hadern mit dem Schöpfer und seinen offensichtlichen Ungerechtigkeiten gehört zu dieser Religiosität genauso dazu wie das innige Vertrauen, dass er am Ende schon alles ins Lot bringen und heil machen wird. „Gott, nimm mi wieder", lässt ein zeitgenössischer bayerischer Poet einen Sterbenden beten, „und mach aus mir, / was Du willst. / I woaß, / Du b'haltst mi scho. / Amen!" Wenn er dann für immer schläft, so tief und glücklich, dass er es gar nicht mehr merkt, wenn er in der Ewigkeit aufwacht und die Welt fort ist, dann sollen seine Freunde „a Sehnsucht von mir / an Himmi nauf" hängen wie einen Stern.

Typisch für eine solche Frömmigkeit sind wohl weniger die sauertöpfischen, „verdruckten" Heuchler, wie man in Bayern die Verklemmten nennt, sondern im 19. Jahrhundert so menschenfreundliche Antiaufklärer wie Bischof Johann Michael Sailer, der gute Freundschaft mit Protestanten hielt, oder Professor Ignaz Döllinger, der stur die Vorherrschaft der Kirche über den Staat vertrat und ebenso hartnäckig gegen das überstürzt vom Ersten Vatikanischen Konzil verabschiedete Unfehlbarkeitsdogma focht.

So einfach ist das nicht mit den Schubladen, konservativ oder fortschrittlich, fromm oder aufgeklärt, bieder oder rebellisch. Und Ratzingers Vater, der gestrenge Gendarm? Der war ein armer Hund.

2

Der Hitlerjunge, der keiner war

*„Ich gehöre zu den Menschen,
die nicht fürs Internat
geschaffen sind“*

Es ist ein merkwürdiges Phänomen: Während in den Jahren vor Hitlers Machtübernahme Studenten, Hochschullehrer, Ärzte, Juristen schon früh in hellen Scharen zu den Nazis überliefen, ihrem vermeintlichen akademischen Durchblick zum Trotz, zeigte sich die von intellektuellen Schnöseln gern verachtete bayerische Landbevölkerung erstaunlich resistent gegenüber den braunen Parolen. Die sogenannten kleinen Leute mit ihrem gesunden Wirklichkeitssinn bewiesen oft erheblich mehr Skepsis als promovierte Leitartikler, Schuldirektoren und Bischöfe.

Zu den unauffälligen Selbstdenkern mit ihren zaghaften, bisweilen lebensgefährlichen Widerstandsgesten gehörte Joseph Ratzinger, damals Kommandant der Gendarmeriestation Marktl am Inn (heute 2 700 Einwohner, Landkreis Altötting in Oberbayern). Er schätzte seine häusliche Ordnung und las den „Geraden Weg“, ein katholisches Wochenblatt mit Schlagzeilen wie „Der Nationalsozialismus ist eine Pest!“, „Hitler, der Bankrotteur“, „Deutsche, Eure Menschenrechte in Gefahr“ oder „Sperrt die Führer ein!“. Vier Tage nach den Reichstagswahlen im März 1933, die Hitler die absolute Mehrheit beschert hatten, stürmten SA-Horden die Redaktion in München, transportierten sämtliche Manuskripte und Akten ab, schlugen den Chefredakteur Dr. Fritz Gerlich halbtot und brachten ihn ins Polizeigefängnis. Ein Jahr später wurde er in das KZ Dachau verlegt und sofort nach der Ankunft dort ermordet.

Der Gendarmeriemeister Ratzinger moserte nicht nur hinter zugezogenen Gardinen. Er schritt bei Versammlungen gegen gewalttätige „Hakenkreuzler" ein – so nannte man die Nazis in Bayern – und warnte regimekritische Priester vor Spitzeln. Um der Vereinnahmung durch den NS-Staat und unliebsamen Nachforschungen zu entgehen, ließ er sich ständig versetzen. Dass sein Hilfsgendarm, ein

Die Ratzinger-Kinder: Maria (1921), Georg (er leitete drei Jahrzehnte die Regensburger „Domspatzen", * 1924) und in der Mitte das „Nesthäkchen" Joseph (* 1927, zum Papst gewählt 2005)*

strammer Nazi, den Ortspfarrer denunzierte und Braunhemden den Priester daraufhin gnadenlos verprügelten, konnte er nicht verhindern.

Als Hitler an die Macht kam und das „Tausendjährige Reich" ausrief, 1933, war der kleine Joseph Aloysius gerade fünf Jahre alt. Am 16. April 1927 hatte er am Marktplatz 11 in Marktl das Licht der Welt erblickt – oder genauer gesagt, erahnt. Denn es war Nacht, es herrschte bitterer Frost und es schneite fürchterlich. Die Geburt war überaus schwer gewesen. Umso glücklicher blinzelten Vater Joseph (50) und Mutter Maria (43) in das Schneetreiben, als sie das sorgsam verpackte Büblein am nächsten Morgen zur Taufe trugen. Die Schwester Maria, fünf Jahre alt, und das dreijährige Brüderchen Georg – der spätere Regensburger Domkapellmeister – blieben in ihrem warmen Zuhause.

Träumen in der alten Scheune

Die Eltern, Joseph und Maria, hießen wie die Figuren aus einem altbayerischen Krippenspiel. Kennen gelernt hatten sie sich, wie ein vom späteren Papst nie dementiertes Gerücht wissen will, über eine Heiratsanzeige im „Altöttinger Liebfrauenboten". Vater Joseph wuchs auf einem Bauernhof im niederbayerischen Rickering auf, seine Frau Maria war die Tochter eines Bäckermeisters, der aus dem idyllischen Südtiroler Pustertal nach Oberbayern gezogen war.

Ein Gendarmerie-Kommandant war auf dem Land zwar eine Respektsperson, aber eine schlecht bezahlte, und im kleinen Marktl waren keine spektakulären Verbrechen zu verhindern oder ruhmreich aufzuklären. Joseph Ratzinger senior hatte höchstens mal eine Wirtshausrauferei zu schlichten oder einen Vagabunden zu arretieren. Zum Glück war seine hübsche Auserwählte eine gelernte Köchin, die – als die Kinder nicht mehr ganz so klein waren – in besseren

Häusern in Stellung gehen und etwas dazuverdienen konnte.

Viel war das freilich nicht. Wenn man jeden Pfennig umdrehen muss, wird man entweder bitter – oder man entwickelt Fantasie und lernt sich an kleinen Dingen zu freuen. Die Armut habe seiner Familie eine tiefe „innere Solidarität" beschert, erinnerte sich der Kurienkardinal, und „Freuden, die man im Reichtum nicht haben kann". Grimmig autoritär scheint der Gendarm Ratzinger zu Hause nicht aufgetreten zu sein. Streng, aber gerecht sei er gewesen, berichten die Söhne, ein talentierter Erzähler und Musikant. Die Mutter muss ein herzensguter, fröhlicher Mensch gewesen sein, mit einem fast magischen Einfühlungsvermögen und der Fähigkeit, sich selbstlos mitzufreuen.

Kaum hatte sich die Familie irgendwo eingelebt, musste sie schon wieder umziehen: Marktl, Tittmoning an der Grenze zu Österreich, Aschau – ein Dörfchen am Inn –, schließlich Hufschlag bei Traunstein. Als Hitler die ganze Macht in Deutschland bekam, 1933, verkündete Vater Ratzinger wie ein Prophet: „Jetzt kommt der Krieg, jetzt brauchen wir ein Haus!" Er fand es in Hufschlag am Waldrand, ein Häuschen, windschief und stark sanierungsbedürftig, etwas anderes konnte sich die Gendarmenfamilie nicht leisten. Aber die Kinder waren begeistert, vor allem vom Bauerngarten mit seinen Apfel- und Zwetschgenbäumen und von der alten Scheune, wo man wunderbar spielen und träumen konnte. Joseph vermisste allerdings das Marionettentheater, das bei einem Freund aus Tittmoning auf dem Dachboden aufgebaut gewesen war und im Halbdunkel einen geheimnisvollen Zauber ausgeübt hatte.

Der spätere Papst galt lange als kühler Intellektueller mit gebremster Emotionalität. Doch wenn man ihn nach seiner Kindheit fragte, begann er selig zu plaudern, in zärtlichen, bisweilen wehmütigen Worten. Von den Schlüsselblumen auf den Frühlingswiesen, von den Spaziergängen mit der

Glückliche Kindheit: Dieses alte Bauernhaus in Hufschlag nahe Traunstein bezeichnete Joseph Ratzinger als seine eigentliche Heimat.

Mutter zu einer versteckten Waldkapelle, vom Moossammeln für die Weihnachtskrippe und von den feierlichen Gottesdiensten mit Weihrauch und lateinischem Gesang, in denen er schon als kleiner Bub die große Liebe seines Lebens entdeckte: ein in Jahrhunderten gewachsenes kostbares „Gewebe von Text und Handlungen", eine Individualitäten und Generationen übersteigende Wirklichkeit. Heimat.

Obwohl die beiden Brüder zuhause mit Hingabe Messe spielten, wie das früher in katholischen Familien üblich gewesen ist, mit gerecht verteilten Rollen und Gewändern, die ihnen Omas und Tanten zurechtschneiderten, war noch keine Rede von einer klerikalen Zukunft. Der ästhetisch veranlagte Joseph wollte unbedingt Anstreicher werden; eine Hausfassade zu gestalten, schien ihm der Gipfel künstlerischer Macht.

Als jedoch der Münchner Kardinal Michael von Faulhaber zur Firmung nach Tittmoning gekommen war, ein Kirchenfürst wie aus dem Bilderbuch mit Burgtheaterstimme und im prächtigen Purpur, hatte der dreijährige Joseph Aloysius kurzfristig bereits mit dem Gedanken gespielt, auch so ein Kardinal zu werden.

Ein fantasieloser Lausbub und Hitlers Überfall auf Polen

Es spricht für Papst Ratzinger, dass er selbst und seine Biografen und PR-Angestellten nie der Versuchung erlegen sind, eine engelgleiche Kindheit und Jugend zu konstruieren. Kein Mensch schildert den kleinen Joseph als ätherischen Heiligen oder vergeistigtes Wunderkind, am wenigsten er selbst. Schulkinder pflegen gnadenlos zu urteilen, wenn sie einen Streber in der Klasse sitzen haben. Die Mitschüler aus dem Traunsteiner humanistischen Gymnasium, die noch am Leben sind, erinnern sich an einen blitzgescheiten, überhaupt nicht eingebildeten Überflieger, der sie bereitwillig in Latein und Griechisch abschreiben ließ.

Allerdings hat ihn auch niemand „Sepp“ oder „Beppi“ genannt, was im ländlichen Bayern damals fast einer Ausstoßung aus der menschlichen Gesellschaft gleichkam. Er blieb immer der Joseph, ein wenig überbehütet, mit einem Horror vor den Turnstunden und einer heißen Liebe zur Literatur: Stifter, Eichendorff, Goethe. Er schrieb Gedichte und nahm Harmonium-Unterricht. Vielleicht lag es auch an frühen Erfahrungen mit dem tückisch allgegenwärtigen Tod, dass der Joseph ein scheuer, immer irgendwie nach innen blickender Junge blieb: In seiner Aschauer Zeit wäre er beim Spielen beinahe in einem Karpfenteich ertrunken. Und in Tittmoning hatte er nur mit knapper Not eine lebensbedrohliche Diphterie überstanden.

Um Kardinal zu werden, musste der Einserschüler erst einmal 1939 in ein Knabenseminar eintreten; es war das

Traunsteiner Erzbischöfliche Studienseminar, in dem sich schon sein Bruder Georg befand. Das war wohl auch der innerste Grund für die frühe Berufsentscheidung; Joseph vergötterte den Älteren und ließ sich von ihm führen. Den zweiten Grund – und das eigentliche Motiv, Priester zu werden – hat Joseph erst später verraten, er schob sich wohl erst im Lauf der Jahre in den Vordergrund. Als er schon Papst war und im April 2006 auf dem Petersplatz mit einer Gruppe Jugendlicher sprach, fragte ihn der 20-jährige Pädagogikstudent Vittorio aus Cinecittà danach. Benedikt antwortete, er habe damals erkannt, wie dringend man Priester brauche, um der „menschenfeindlichen Kultur" der Nationalsozialisten zu widerstehen.

Das disziplinierte Lernen war Joseph gewöhnt. Seine Hausaufgaben hatte er immer schnell, aber exakt erledigt, nach einer kurzen Mittagspause. Doch für das Internatsleben sei er wohl nicht geschaffen gewesen, gab er später in seiner Autobiografie freimütig zu. „Ich hatte in großer Freiheit zu Hause gelebt, studiert, wie ich wollte, und meine eigene kindliche Welt gebaut. Nun in einen Studiersaal mit etwa sechzig anderen Buben eingefügt zu sein, war für mich eine Folter, in der mir das Lernen, das mir vorher so leicht gewesen war, fast unmöglich schien." Ganz besonders hasste der zierliche, ein wenig verträumte Junge die „Leibesübungen" auf dem Sportplatz.

„Vom Hitlerjungen zum Papa Ratzi!"

So titelte die in deutschen Belangen gern hysterisch agierende englische „Sun" nach der Papstwahl am 19. April 2005. Ratzingers Lieblingsjournalisten Peter Seewald fiel trotzdem ein Stein vom Herzen, dass die Kardinäle ihre Entscheidung so flott getroffen hatten und nicht einen Tag später, am 20. April: „Führers" Geburtstag!

Als Benedikt XVI. noch der „Panzerkardinal" war, hatte er eine Menge Gegner, und er lieferte ihnen mit drakonischen Entscheidungen und einem bisweilen autoritären Auftreten auch immer wieder Stoff zum Kritisieren. Doch nie im Leben hat man ihm so Unrecht getan wie mit solchen Verdächtigungen. Denn der junge Joseph Ratzinger war zwar Flakhelfer und kurze Zeit Rekrut in der Wehrmacht, aber nie an der Front – und er ist auch kein richtiger Hitlerjunge gewesen, sondern bloß ein halber. Und das kam so:

Als sich der großsprecherisch begonnene Krieg für Deutschland in ein verlustreiches Inferno verwandelte und immer mehr Transporte mit Verwundeten eintrafen, wurden auch die letzten noch verbliebenen kirchlichen Bildungsanstalten beschlagnahmt und zu Lazaretten umfunktioniert. 1941 schickte man die beiden Ratzinger-Brüder nach Hause. Georg (17) kam bald darauf zum Reichsarbeitsdienst und dann als Funker zur Wehrmacht. Joseph (14) durfte wieder auf das Gymnasium gehen, was ihn mächtig freute, und musste einmal pro Woche im HJ-Heim aufkreuzen, was er hasste: schon wieder Sport, Geländespiele, Exerzieren!

Vom Seminar aus war er zwangsweise in die Hitlerjugend gemeldet worden, das ließ sich nicht ändern, aber die „unfreiwilligen" HJ-ler wurden argwöhnisch beobachtet, schikaniert und bekamen keine Uniform. Als das Seminar aufgelöst wurde, ging er nicht mehr zu den Appellen und Zusammenkünften – und fand zum Glück einen Nazi-Lehrer mit toleranten Anwandlungen, der es nicht so genau nahm und seinen Namen klammheimlich von der Liste löschte.

1943 zog man die Traunsteiner Seminaristen geschlossen zur Flugabwehr nach München ein. Der 16-jährige Joseph wohnte in einer Baracke und bediente in der Nähe der Stadt elektronische Messgeräte und Telefonanlagen, um Industriebetriebe (unter anderem die Düsenjägerproduktion von

Dornier) zu schützen und die alliierten Bomber am Vordringen nach München zu hindern. Und nebenbei ging er zur Schule, auf das berühmte Münchner Max-Gymnasium, wo 1935 Franz Josef Strauß Abitur gemacht hatte – das beste seines Jahrgangs in Bayern.

Joseph hatte ein verteufeltes Glück, mehrfach. Während sein Bruder Georg an der italienischen Front im Granatenhagel verwundet wurde, kommandierte man ihn lediglich zum Arbeitsdienst an die österreichisch-ungarische Grenze ab, wo er mit einem ungeladenen Gewehr Zwangsarbeiter zu bewachen hatte. Und als er im November 1944 nach München zurückkehrte, schickte man ihn erst mal in die Traunsteiner Infanterie-Kaserne, wo er seine soldatische Grundausbildung nachholen sollte. Das zog sich bis in die letzten Kriegstage hin. Der „Schrecken aller Unteroffiziere" soll er gewesen sein wegen seines absoluten militärischen Ungeschicks.

Ende April 1945, als die Amerikaner immer näher kamen, entschloss sich Joseph, einfach nach Hause zu gehen. Auf Schleichwegen natürlich, denn überall gab es Posten, die Deserteure kurzerhand erschießen sollten. An einer Bahnunterführung traf er tatsächlich auf zwei Soldaten. Weil er jedoch den Arm wegen einer leichten Verletzung in der Schlinge trug, ließen sie ihn als „Verwundeten" passieren. „Es waren gottlob solche, die auch den Krieg satt hatten und nicht zu Mördern werden wollten."

Zuhause drohte neue Gefahr: Zwei SS-Männer quartierten sich bei der Familie ein, Vater Ratzinger konnte sich nicht beherrschen und schrie ihnen seine Wut über Hitler und den Krieg ins Gesicht. Kaum waren die SS-ler verschwunden (ohne den offenherzigen Ex-Gendarmen aufzuhängen), marschierten die Amis ein, trieben die versprengten deutschen Soldaten auf der Wiese vor dem Ratzinger-Haus zusammen und führten sie ziemlich planlos drei Tagesmärsche weit durch Bayern. Joseph landete mit 50 000 anderen Gefangenen auf einem Ackergelände bei Ulm. Es gab keine Baracken oder Zelte und pro Tag einen Schöpflöffel Suppe mit einem Kanten Brot als Verpflegung.

In kluger Voraussicht hatte er sich daheim schnell noch einen Bleistift und ein leeres Schulheft eingesteckt, das er nun Tag für Tag mit Lebensweisheiten und griechischen Hexametern füllte. Theologiestudenten, Juristen, Kunsthistoriker, Philosophen arrangierten außerdem ein hochinteressantes Vortragsprogramm, eine Art Open-Air-Kolleg. Nach sechs Wochen wurde Joseph entlassen und mit einem Armeelastwagen nach München gebracht. Von dort marschierte er 120 Kilometer nach Hause. Wieder ein paar Wochen später stand plötzlich der verloren geglaubte Georg in der Tür, braun gebrannt von der Sonne Italiens. Ohne ein Wort zu verlieren, setzte er sich ans Klavier und intonierte ein brausendes „Großer Gott, wir loben dich".

Die ganze Familie an einem Tisch: Vater Joseph, der mutige Gendarm, und Mutter Maria; rechts Tochter Maria und Georg, der im Priesterseminar „Orgel-Ratz" hieß; links Joseph, der „Bücher-Ratz", in charakteristischer Denkerpose.

3

Senkrechtstarter mit liberalen Anflügen

„Was der Kirche Not tut,
sind nicht die Lobredner
des Bestehenden“

„Orgelratz“ und „Bücherratz“ nannte man die unzertrennlichen Brüder im Freisinger Priesterseminar, den musikverliebten Georg und den jüngeren Joseph, der wie besessen Augustinus und Martin Buber, Dostojewskij und Paul Claudel, Max Planck und Werner Heisenberg in sich hineintrank. „Immer wenn man in die Bibliothek kam, saß dort schon der Joseph“, erinnert sich ein Kommilitone. An Weihnachten 1945 zogen rund 120 Priesteramtskandidaten, 40-jährige Kriegsheimkehrer und blutjunge Schulabgänger, im Seminar ein, das bislang als Lazarett für Kriegsgefangene gedient hatte. Und natürlich folgte der Joseph seinem bewunderten älteren Bruder wie ein Schatten.

Wie überall in der deutschen Bildungslandschaft herrschten erbarmungswürdige äußere Bedingungen: zerbombte Hörsäle, ausgebrannte Bibliotheken, kein Heizmaterial, wenig zu essen. Und wie überall änderte das überhaupt nichts an der begeisterten Aufbruchsstimmung, an der Freude, endlich wieder frei denken und reden zu dürfen. Im Herbst 1947 – die Münchner Universität lag noch in Trümmern – zog man in das einstige königliche Jagdschloss

Fürstenried um, wo es so eng zuging, dass sich Joseph Ratzinger in seine Flak-Baracke zurückversetzt fühlte.

Die Studenten schliefen in doppelstöckigen Betten. Einen Hörsaal gab es nicht. Die Vorlesungen fanden im Gewächshaus des Schlossgartens statt, wo im Sommer glühende Hitze wie in der Sahara regierte, im Winter dafür arktische Kälte. Als zwei Jahre später das Priesterseminar in München-Schwabing endlich wieder bezugsfertig war, führte der Zugang zu den Studentenzimmern im dritten Stock über eine Leiter, und es gab noch keine Küche.

Aber jede Menge intellektueller Herausforderungen. Danach hungerten die Menschen nach den langen Jahren der Denkverbote und des staatlich verordneten Stumpfsinns. Unter seinen Lehrern scheinen ihn am meisten die gebrochenen Charaktere fasziniert zu haben, Querdenker, die sich nicht immer an die Vorgaben aus Rom hielten und ihrer Kirche trotz schmerzlicher Erfahrungen leidenschaftlich treu blieben. Damals habe er gelernt, an der „Angemessenheit mancher römischen Entscheidung" zu zweifeln, gestand Ratzinger in seiner Autobiografie.

Gezweifelt hat er auch an seiner Eignung für die praktische Seelsorge, je näher der Termin der Priesterweihe rückte. „Ich konnte ja nicht Theologie studieren, um Professor zu werden, auch wenn dies mein stiller Wunsch war", vermochte ihm sein Interviewer Peter Seewald in langen Gesprächen zu entlocken. „Da ich eher schüchtern und recht unpraktisch war, da ich weder sportlich noch organisatorisch oder administrativ begabt war, musste ich mich fragen, ob ich den Zugang zu den Menschen finden würde – ob ich zum Beispiel als Kaplan im Stande sein würde, katholische Jugend zu führen und zu inspirieren, ob ich zum Religionsunterricht für die Kleinen fähig sein würde, mit den Alten und Kranken umgehen könnte usw."

Auch der Zölibat, der lebenslange Verzicht auf Partnerschaft und Ehe, ist durchaus ein Problem für ihn gewesen.

Keine Nebenbedingung für den Berufseinstieg, die man in leichtfertigem Selbstvertrauen unterschreibt. Im Schlösschen Fürstenried, wo Professoren und Studierende beiderlei Geschlechts auf engstem Raum zusammen lebten, sei man sich zwangsläufig so nahe gekommen, „dass im täglichen Begegnen die Frage des Verzichts und seiner inneren Sinngebung durchaus praktisch war", stellte er ein halbes Jahrhundert später fest. Ein „direktes Verlangen" nach einer Familie habe er zwar nicht verspürt, aber er sei doch „durch Freundschaft berührt worden". Zu solchen merkwürdig geschraubten und dezent verklausulierten Wendungen nahm der sonst unnachahmlich präzise und elegant formulierende Kardinal nur dort Zuflucht, wo er seine Intimsphäre bedroht sah – oder wo ihm eine Frage peinlich war.

Von Kindern und von Augustinus lernen

Der selbstkritische Seminarist Ratzinger hätte die Furcht vor dem pastoralen Ernstfall getrost fahren lassen können. Der Seelsorgsalltag mit Schulklassen und Ehekrisen, mit den immer gleichen Sündenlitaneien alter Weiblein im Beichtstuhl und der panischen Angst ungetröstet Sterbender hielt ihn lediglich ein Jahr lang in seinen Klauen. 1951 zum Priester geweiht, gab er als Kaplan in München-Bogenhausen 16 Wochenstunden Religionsunterricht von der zweiten bis zur achten Klasse, leitete jeden Abend Jugendgruppen, saß samstags vier Stunden im Beichtstuhl und hielt sonntags drei Predigten. Zu den Beerdigungen auf verschiedenen Friedhöfen radelte er quer durch München. Und wider Erwarten genoss er die Herausforderung – oder behauptete es jedenfalls: „Für mich war interessant, jetzt einmal aus der intellektuellen Sphäre herauszusteigen und zu lernen, mit Kindern zu reden."

Im folgenden Jahr kehrte Ratzinger bereits nach Freising zurück – als Dozent, der nebenher weiter eine Jugendgruppe leitete und im Dom Beichte hörte. Mit dem Thema seiner Dissertation „Volk und Haus Gottes in Augustins Lehre von der Kirche" hatte der 26-jährige Ratzinger bereits sein Lebensmotiv als Forscher und Autor gefunden: die Kirche nicht als Verein von Gleichgesinnten oder gesellschaftliches Gebilde, sondern als Sakrament (auf deutsch etwa „Zeichen mit realer Wirkungskraft") des Bundes Gottes mit der Menschheit. Kirche als konkrete Gemeinschaft von Menschen, aber zugleich über alle empirische Erfahrung hinaus „das als Leib Christi bestehende Volk Gottes".

Was auf den ersten Blick wie ein Spiel mit altmodischen Begriffen aus der religiösen Insidersprache aussieht, erweist bald seine Brisanz: Wenn Augustinus im 4. Jahrhundert nicht mehr den Tempel, den Kultraum, als „Haus Gottes" bezeichnet, sondern die darin versammelten Menschen, die christliche Gemeinde, das „Gottesvolk", dann verlegt er den Ort der Gegenwart Gottes von den äußeren Strukturen in die innere Entscheidung und Haltung des Menschen. Theologen wie Ratzinger entdeckten um die Mitte des 20. Jahrhunderts solche Traditionsstränge neu. Sie verabschiedeten sich von der sogenannten Neuscholastik, die sich am glänzendsten Dogmatiker des Mittelalters, Thomas von Aquin, orientierte und aus dem pulsierenden Glauben ein starres System zeitlos gültiger Lehrsätze zu machen drohte. Die geschichtliche, personale, existenzielle, mystische Dimension des Glaubens war dabei nahezu aus dem Blick geraten.

Mit dem Rückgriff auf die Kirchenväter, die eher Mystiker und Weisheitslehrer als penible Systematiker waren, retteten damals in den Jahren vor dem Konzil Leute wie Karl Rahner, Yves Congar, Henri de Lubac und eben auch Joseph Ratzinger das vitale, innerliche, aber auch für geschichtliche Entwicklungen offene Moment des christlichen

Bekenntnisses. Unter den Protestanten war es der junge Dietrich Bonhoeffer gewesen, der in seiner Doktorarbeit die unterschiedlichen Kirchenbilder verbunden hatte: Kirche sei zugleich soziale Körperschaft und geistige Gemeinschaft. Kirche übersteige von Herkunft und Anspruch her die Welt – aber sie besitze eine ganz konkrete weltliche, soziale Gestalt. Kirche stehe in Distanz zur Welt – und trage Verantwortung für sie. Bonhoeffer: „Kirche ist Christus als Gemeinde existierend."

In Regensburg haben sie ihrem Ratzinger-Benedikt zur Erinnerung an den Papstbesuch 2005 ein Denkmal vor der uralten Schottenkirche gesetzt: ein Miniaturhaus aus Bronze und Granit, Symbol von Heimat und Gemeinschaft und ein wenig „verbeult", wie Benedikts Nachfolger Franziskus seine Kirche gern hätte, Leid und Katastrophen der Welt teilend. „Haus Gottes".

Für Augustinus hatte Joseph Ratzinger sein Leben lang ein ganz besonderes Faible. Dieser ungestüme nordafrikanische Theologe aus der Jugendzeit der Kirche war lange ein Suchender gewesen, skeptisch, zerrissen zwischen Sehnsüchten und Zweifeln. Von Gott sprach er eher mit der Leidenschaft eines frisch Verliebten als im abgeklärten Stil wissenschaftlicher Traktate. Kritiker behaupten allerdings auch, vom Kirchenvater Augustinus (und von Platon) habe Ratzinger seinen Hang zur vergeistigten Sicht handfester innerkirchlicher oder gesellschaftlicher Probleme bezogen. Und eine ausgeprägte, später unter der Milde des Petrusamtes verblasste Neigung zur Schwarzweißmalerei: hier die Kirche Gottes mit ihren ewigen Wahrheiten und Gewissheiten, dort die sündhafte Welt, von der sich nichts Gutes erwarten und nichts wirklich Wertvolles lernen lässt.

Von Augustinus – und vielleicht auch vom Vater, dem Gendarmeriemeister – soll er die Fixierung auf die Ordnung übernommen haben, eine in den Abgründen seiner Seele eingewurzelte Abneigung gegen jede Form von Chaos im

Denken und Gestalten, auch wenn es ein kreatives Chaos ist, das Neuaufbrüche und Verbesserungen inspiriert.

Hochschulkarriere vor dem Aus

„Das Drama der Habilitation“: So beschreibt Ratzinger selbst im Rückblick, was auf das Lehrjahr in München-Bogenhausen folgte. Die Promotion – „summa cum laude“ – war ein Kinderspiel gewesen. Doch wenn er den gerade frei werdenden Lehrstuhl für Dogmatik und Fundamentaltheologie an der Philosophisch-Theologischen Hochschule Freising haben wollte, musste er sich beeilen. Die Freisinger Professoren schätzten das Nachwuchstalent und verschafften ihm eine Lehrstuhlvertretung in Dogmatik. Ratzinger schrieb wie ein Besessener an seiner Habilitationsarbeit über das Verhältnis des mittelalterlichen Franziskanertheologen Bonaventura († 1274) zu Offenbarung und Geschichte, machte große Pläne, holte seine alten Eltern aus der beschwerlichen Idylle im Hufschlager Bauernhaus zu sich auf den Freisinger Domberg.

Doch sein Doktorvater Gottlieb Söhngen, der von der fertigen Habilitationsschrift begeistert war, musste einen Korreferenten beiziehen, und das war der prominente Münchner Dogmatiker Michael Schmaus, der als Mittelalter-Spezialist galt, offen für ökumenische Fragestellungen und anthropologische Forschungsergebnisse. Schmaus betrachtete die Freisinger aber ein wenig als lästige Konkurrenten, hatte Gerüchte über aufmüpfige Ansichten seines jungen Kollegen zugetragen bekommen und ärgerte sich über die schlampige Form des Manuskripts: Die Bürodame, die Ratzingers handgeschriebenen Text ins Reine tippte, hatte Blätter versiebt und Zitate durcheinandergebracht.

Schmaus ließ den wie auf Kohlen sitzenden Habilitanden erst ein paar Monate warten, bestellte ihn dann zu sich, gab ihm das mit „Randglossen in allen Farben“ verzierte Manuskript zurück und eröffnete ihm nüchtern, er müsse die Arbeit leider ablehnen, sie genüge nicht den üblichen wissenschaftlichen Maßstäben. „Ich war wie vom Donner getroffen“, erinnert sich Joseph Ratzinger. „Eine Welt drohte für mich zusammenzubrechen. Was sollte aus meinen Eltern werden, die guten Glaubens zu mir nach Freising gekommen waren, wenn ich nun als Gescheiterter von der Hochschule gehen musste?“

Erst im Lauf der Zeit konnte er sich die Gründe der Ablehnung zusammenreimen: Ratzinger hatte mit einer für einen Anfänger unangebrachten Frechheit durchblicken lassen, dass die von Schmaus repräsentierte Münchner Mittelalterforschung auf dem Stand der Vorkriegszeit stehen geblieben war und die vor allem im französischen Sprachraum erbrachten neuen Arbeitsergebnisse kaum mehr wahrgenommen hatte. Der so Vorgeführte war auch überhaupt nicht damit einverstanden, wie der „theologische Teenager“ (Schmaus über Ratzinger) sein Thema behandelte. Ebenso wie Augustinus in seiner Doktorarbeit präsentierte er nämlich jetzt Bonaventura als Kronzeugen für einen Glauben, der nicht an irgendwelche Ereignisse oder Formulierungen von gestern gekettet ist, sondern mit der Geschichte Schritt hält. Tradition als etwas Vitales, Lebendiges, Inspirierendes. Bonaventura sei den damals hochflackernden Träumen vom irdischen Paradies zwar skeptisch gegenübergestanden, aber durchaus angetan gewesen von einer Glaubenshaltung, die geschichtliche Verantwortung übernimmt und heute (nicht übermorgen!) etwas verändern will. Und im Gegensatz zur mittelalterlichen Scholastik habe er die ständige Entfaltung der göttlichen Offenbarung betont: Der Kanon der Heiligen Schrift sei zwar abgeschlossen, aber sie enthalte prophetische Elemente und müsse immer neu bedacht, immer besser verstanden werden, im Zusammenwirken von Hierarchen und Mönchen, Tatmenschen und Mystikern.

Bei Bonaventura, so Ratzinger, und man meint schon den späteren leidenschaftlichen Kritiker politisch-theologischer Utopien zu hören, „weht (…) der Hauch einer neuen Zeit, in der das Verlangen nach dem Glanz der anderen Welt überformt ist von einer tiefen Liebe zu dieser Erde, auf der wir leben."

Doch Ratzinger war ein Schoßkind des Glücks, wie man schon an der Rettung aus dem Karpfenteich und vor dem schwer bewaffneten Militärposten bei Kriegsende sehen konnte. Das versammelte Professorenkollegium gab ihm seine Arbeit zur Verbesserung zurück, statt sie zu kassieren. Schmaus prophezeite zwar grollend, der Kandidat werde Jahre zur Umarbeitung brauchen, aber Ratzinger machte einfach aus dem letzten Drittel seiner Schrift, an dem der Gutachter nur wenig auszusetzen gefunden hatte, eine vollständige neue Habilitationsarbeit mit dem Titel „Die Geschichtstheologie des heiligen Bonaventura", reichte sie wenige Monate später erneut ein, und nun war auch Schmaus befriedigt.

Mit 30 hatte es Ratzinger geschafft: Privatdozent an der Universität München, Professor in Freising – und ein Jahr später Professor für Fundamentaltheologie in Bonn. Das bedeutete zwar die neuerliche Trennung von den Eltern, aber diese fanden – wieder ein Glücksfall – eine neue Heimat beim Bruder Georg, der sein Studium an der Münchner Musikhochschule beendet hatte und als Chordirektor nach Traunstein zurückging.

Der Griff in die Schatzkiste

„Ein Knabe mit einer Glockenstimme" sei da ans Rednerpult getreten und habe ein ganzes Auditorium in seinen Bann gezogen – so erinnerte sich der einstige Münchner Politologe, bayerische Kultusminister und Präsident des

Der Lehrer: Ratzinger 1955 als Dogmatik-Dozent am Freisinger Priesterseminar, zwischen Promotion und Habilitation.

organisierten deutschen Laienkatholizismus, Hans Maier, an seine erste Begegnung mit dem Professorenkollegen Ratzinger. „Furchtbar jung ausgeschaut" habe der Dozent, pflichtete einer von Ratzingers Freisinger Studenten bei, „aber er war sehr gescheit". In Bonn musste man früh im Hörsaal sein, um noch einen guten Platz in seiner Vorlesung zu ergattern.

Was faszinierte das Publikum an diesem befangen und schüchtern auftretenden Hochschullehrer, dessen Sopranstimme immer etwas zu leise war, der beim Sprechen gern an die Decke schaute und wolkige Gesten machte? Es war seine Eloquenz, die gerade durch den Verzicht auf rhetorische Tricks überzeugte. Ein funkelnder Intellekt und die Fähigkeit, die kompliziertesten Zusammenhänge durchschaubar zu machen, stumpf gewordene Begriffe wieder zum Leuchten zu bringen.

Wenn Ratzinger über die spirituelle Gedankenwelt der frühen Christenheit und die dogmatischen Geplänkel mittelalterlicher Theologen sprach, dann war das ein Griff in die Schatzkiste, und unter dem Staub der formelhaften Lehrsätze wurden Juwelen sichtbar. Kein Hörer konnte an seiner Kirchlichkeit zweifeln. Er hätte es schäbig gefunden, sich seinem Publikum als der große Freidenker anzudienen, mit augenzwinkerndem Spott über die spießig-träge Kirche, die ihn besoldete. Er ordnete seine Theologie ohne Wenn und Aber dem Amt und der Institution unter. Doch zugleich überwand er den knochentrockenen Rationalismus der damals noch weithin geltenden römischen Schule, las die Bibel mit einem spirituellen Interesse, zeichnete die Kirche nicht als hierarchisch durchorganisierten Beamtenapparat sondern als lebendigen Organismus, in dem Gottes Geist wehte, der unberechenbare.

Der junge Professor wurde schon bald von überallher zu Vorträgen eingeladen. In einem solchen Gesprächsbeitrag wandte er sich gegen die scheinbar menschenfreundliche Praxis, jedem auch noch so kirchenfernen Antragsteller die Taufe, kirchliche Trauung oder Beerdigung zu gewähren, der darum ersuchte, ohne seine Überzeugung zu berücksichtigen; vor allem in Frankreich war das damals eine heiß diskutierte Frage. Als ob es damit getan wäre, „das Wasser der Taufe über ein Kind fließen zu lassen", gab Ratzinger zu bedenken. „Man ruht nicht, bevor die Deckung von Kirche und Welt eine vollständige ist. Indem man so die Sakramente nicht nur verschenkt, sondern verbettelt, werden sie zutiefst entwertet."

Und weiter: „Es wird der Kirche auf die Dauer nicht erspart bleiben, Stück um Stück von dem Schein ihrer Deckung mit der Welt abbauen zu müssen und wieder das zu werden, was sie ist: Gemeinschaft der Glaubenden. Tatsächlich wird ihre missionarische Kraft durch solche äußeren Verluste nur wachsen können. Nur wenn sie aufhört, eine billige Selbstverständlichkeit zu sein, nur wenn sie anfängt, sich selbst wieder als das darzustellen, was sie ist, wird sie das Ohr der neuen Heiden mit ihrer Botschaft wieder zu erreichen vermögen, die sich bisher noch in der Illusion gefallen können, als wären sie gar keine Heiden."

Unkonventionell trat er auf, mit einer eigenen Gedankenwelt und einem eigenen Stil. Ratzinger betreute seine Doktoranden nicht nur einzeln, wie es üblich war. Er versammelte sie jede Woche zu einem Kolloquium, bei dem jeder seine Erkenntnisse vortrug und seine Ideen zur Diskussion stellte; dabei, so dachte er, konnten alle gewinnen.

Wenn die Kritiker den späteren „Panzerkardinal" irritieren (was selten gelang) oder ärgern wollten, dann konfrontierten sie ihn genüsslich mit seinen eigenen aufmüpfigen Sätzen aus jenen frühen Professorenjahren. Klang es nicht nach Rebellion, wenn er bei seinen Theologenkollegen den prophetischen Protest gegen die „Selbstgenügsamkeit der Institutionen" anmahnte und darauf beharrte, Gott habe im Lauf der Geschichte nicht auf deren Seite gestanden, sondern auf der Seite der Verfolgten und für ihren Freimut Leidenden? Nicht den „Gehorsam der Schmeichelnden" und keine „Lobredner des Bestehenden" brauche die Kirche, sondern die unbequeme Leidenschaft für die Wahrheit. Müsse man dieser Kirche nicht vorwerfen, „dass sie in einem Zuviel an Sorge mitunter zu viel verlautbart, zu viel normiert, dass so manche Normen wohl eher dazu beigetragen haben, das Jahrhundert dem Unglauben zu überlassen, als es davor zu retten, dass sie mit anderen Worten mitunter zu wenig Vertrauen in die sieghafte Kraft der Wahrheit setzt, die im Glauben lebt; dass sie sich hinter äußeren Sicherheiten verschanzt, anstatt der Wahrheit zu vertrauen, die in der Freiheit lebt und solche Behütungen gar nicht nötig hat?"

Unter dem schönen Titel „Freimut und Gehorsam" erschien dieser Beitrag 1962 in der theologischen Zeitschrift „Wort und Wahrheit" und ein Jahr darauf in der New Yorker „Theology". Als er 1970 in einem Sammelband mit Arbeiten zur Kirchenlehre erneut abgedruckt wurde, ließ Ratzinger die eben zitierte Passage mit einer distanzierenden Anmerkung versehen.

Das war kein Einzelfall. „Wir alle haben für ihn geschwärmt", erinnerte sich Johanna Jäger-Sommer, die in Münster zu seinen Studentinnen gehörte und später als freie Journalistin durch theologischen Sachverstand auffiel. Obwohl er vier Mal pro Woche von acht bis neun Uhr morgens Vorlesung gehalten habe – „normalerweise nicht gerade die Zeit für Studierende" –, sei es ihm gelungen, den größten Hörsaal mit 500 Plätzen zu füllen. „Was er lehrte, war neu und befreiend. In seiner Vorlesung über die Kirche hörten wir erstmals von der Kollegialität der Bischöfe, der Autonomie der Ortskirchen, der Würde und dem Charisma der ‚Laien'. Positionen, die er später als höchster Glaubenswächter allesamt bekämpfte und unterminierte." Schon hier in Münster sollte Ratzinger die Neuauflage der Mitschrift dieser Vorlesung verbieten.

Ghostwriter eines aufmüpfigen Kardinals

Am 20. November 1961 hielt der 74-jährige Kölner Kardinal Josef Frings, halb blind, aber erstaunlich agil, Vorsitzender der damals noch so genannten Fuldaer Bischofskonferenz, Freund Adenauers, Erfinder der Dritte-Welt-Hilfswerke Adveniat und Misereor, in Genua eine offenherzige Rede über die Anforderungen an das bevorstehende Konzil. Man benötige neue Formen der Verkündigung für die im Entstehen begriffene Menschheitszivilisation, eine entschlossene Rückkehr zu den Ursprüngen, das Abschneiden alter Zöpfe, statt des allgegenwärtigen römischen Zentralismus den Respekt vor Ortskirchen und Bischöfen.

Papst Johannes XXIII. bekam den Text zugespielt und zitierte Frings zu sich, der fürchterlich erschrak und seinen Sekretär gottergeben bat, ihm das rote Kardinalsmäntelchen umzulegen; „wer weiß, ob es nicht das letzte Mal ist!" Doch Papst Johannes, lebhaft und fröhlich, wie man ihn kannte, umarmte den Kölner und bedankte sich: „Caro Cardinale, che bella coincidenza del pensiero! Lieber Kardinal, Sie haben all das gesagt, was ich gedacht habe und sagen wollte, selbst aber nicht sagen konnte." Erleichtert wehrte Frings ab, er habe ja nur den Entwurf seines theologischen Beraters vorgetragen. Papst Johannes räumte ein, auch er lasse sich die meisten Reden schreiben – wie denn der Name des weisen Ratgebers laute?

Joseph Ratzinger, lächelte Frings, und er sei erst 34 Jahre alt.

Das Zweite Vatikanische Konzil (1962–1965) hat Geschichte geschrieben und das Gesicht der Kirche verändert. Das Konzil: die im Petersdom tagende Generalversammlung der katholischen Weltkirche mit mehreren tausend Bischöfen, Ordensoberen, Theologen aus allen Erdteilen, ein gigantisches Diskussionsforum vor dem Hintergrund zahlloser ungelöster Probleme, eine Denkfabrik, die überzeugende Antworten auf die Glaubenskrise der Moderne und auf die Überlebensfragen des Globus vom Welthunger bis zum Atomkrieg geben sollte. Damals, als Ratzinger dem greisen Kardinal Frings seine Aufsehen erregende Rede schrieb, galt das Konzil freilich noch als die verwegene Spontanidee des ebenfalls betagten, fast 80-jährigen Papstes Johannes, als der vielleicht geniale, aber auch schrecklich unüberlegte und todsicher ein Chaos nach sich ziehende Einfall eines sympathischen Träumers, der sich schon früher einmal mit dem Ausspruch entlarvt hatte, ohne einen „Hauch heiliger Verrücktheit" könne die Kirche nicht existieren.

Dem Papst – einem Bauernsohn aus der Lombardei, 2014 wurde er heiliggesprochen – ging es um die Erneuerung und Selbstreinigung dieser müde und schwerfällig gewordenen Mutter Kirche, um einen frischen missionarischen Elan, den Dialog mit den Herausforderungen der Zeit und die Annäherung der getrennten Konfessionen. Die Christen hätten kein Museum zu hüten, pflegte er zu sagen, sondern einen blühenden Garten voller Leben zu versorgen.

Die Vorbereitungskommission in der Kurie hatte den Konzilsvätern einen Berg kreuzbraver Entwürfe geliefert, einen entsetzlich langweiligen Aufguss römischer Schultheologie ohne Gespür für die Glaubensnöte moderner Menschen, nicht weniger als 70 gravitätisch formulierte Lehrtexte über Keuschheit und Jungfräulichkeit, über den Stellenwert der von einem Nichtkatholiken gespendeten Taufe oder die Abstammung der Menschheit von einem einzigen Urelternpaar. Doch statt das uferlose Material dankbar abzusegnen, muckten die Vertreter der Weltkirche gegen die römische Verwaltungszentrale auf – wie es sich der Papst wohl heimlich gewünscht hatte. Gleich in der ersten Arbeitssitzung des Konzils am 14. Oktober 1962 kam es zum Eklat: Als die Wahl der verschiedenen Konzilskommissionen erfolgen sollte, weigerten sich die „Väter", die 180 von der Kurie präsentierten Mitglieder der vorbereitenden Gremien zu bestätigen. Man müsse sich doch erst einmal kennenlernen. Wortführer der Revolte: die Kardinäle Liénart (Lille), Döpfner (München), König (Wien) und – Frings.

Seine mutigste Konzilsrede hielt Frings am 8. November 1963; Papst Johannes war gestorben und sein Kronprinz Montini aus Mailand als Paul VI. zum Nachfolger gewählt. In schneidenden Worten wies Frings den Allmachtsanspruch der römischen Kurie zurück und bezeichnete die inquisitorischen Methoden des Heiligen Offiziums (heute: Kongregation für die Glaubenslehre) als „Skandal vor der

Welt". Das Sitzungsprotokoll verzeichnet an dieser Stelle „plausus in aula", Beifall im Petersdom.

Der wie Frings fast erblindete, herzensgute, aber stockkonservative Kardinal Alfredo Ottaviani, der das Heilige Offizium damals leitete, bekam einen Wutanfall und stieß erregt hervor, mit solchen Vorwürfen beleidige man den Papst selbst. Paul VI. freilich zeigte deutlich, wo seine Sympathien lagen: Er bat Frings um konkrete Vorschläge zur Reform der Glaubensbehörde und ernannte Joseph Ratzinger zum Peritus, zu einem der offiziellen Konzilstheologen – eine Ehre, die er mit Hans Küng aus Tübingen teilte.

Schutzpatron der Denunzierten

Man wusste längst, dass so gut wie alle Statements und Reden des Kölner Kardinals von Ratzinger stammten; Frings, dessen Sehkraft fast erloschen war, pflegte sie auswendig zu lernen und aus dem Gedächtnis vorzutragen. Welche gewichtige Rolle der „theologische Teenager" an seiner Seite tatsächlich auf dem Konzil spielte, hat sich erst in der jüngsten Forschung herauskristallisiert. Als Berater und Redenschreiber von Frings kämpfte Ratzinger für die Religionsfreiheit, pochte auf eine klare Distanzierung von der lange behaupteten jüdischen Kollektivschuld am Tod Jesu, votierte aus ökumenischen Rücksichten gegen ein neues Dokument zur Marienverehrung und forderte Schutzvorkehrungen gegen anonyme Denunziationen im Vatikan.

Ratzingers einschlägige Randbemerkungen zu den Vorlagen der vatikanischen Glaubensbehörde (deren Leitung er zwei Jahrzehnte später selbst übernehmen sollte) wurden im Jahr seiner Wahl zum Papst bekannt, als die auf Katholizismusforschung spezialisierte Bonner Kommission für Zeitgeschichte eine voluminöse Studie über das Wirken von

Kardinal Frings veröffentlichte. Man brauche nicht nur „einen Schutz der amtlichen Kirche gegen unberufene Kritik", gab der junge Konzilstheologe damals zu bedenken, „sondern auch einen Schutz des Einzelnen vor anonymer Denunziation, der bisher allzu sehr vernachlässigt wurde und den zu fixieren wohl gerade hier der Ort wäre".

Ratzinger kritisierte die Konzentration der römischen Entwürfe auf das „Negative und Absichernde" und schlug vor: „Vielleicht sollte doch auch ein Wort der Ermutigung zur christlichen Initiative gesagt werden, die aus der Verantwortung des Glaubens heraus sich zu Wort meldet – die Kirche gehört ja (um Karl Rahner zu zitieren) nicht zu jenen ‚totalen Staaten, bei denen die äußere Macht und ein in tödlichem Schweigen geschehender Gehorsam alles, und Freiheit und Liebe nichts ist'; so sollte ein Anruf an Freiheit und Liebe, die mitten im Raum des Gehorsams und des Dienens, ja gerade dort leben können, in einem solchen Dokument nicht gänzlich fehlen."

Auch als Kardinal Frings im Petersdom zu einer dann sang- und klanglos begrabenen Vorlage „De sacerdotibus lapsis – Über die gefallenen Priester" sprach und großzügige Laisierungsregelungen mit Sorgeverpflichtungen für Priesterkinder forderte, hatte ihn Ratzinger zu seiner menschenfreundlichen Intervention ermuntert. Der Entwurf finde, „soweit menschenmöglich, den schmalen Weg zwischen zu großer Auflockerung und einer Härte, die das Seelsorgliche vergisst".

In der Euphorie nach dem Konzil setzten viele fortschrittsbegeisterte Christen in Deutschland, die sich nachher am unbeugsamen Glaubenswächter Ratzinger reiben sollten, große Hoffnungen in den jungen Theologen, der 1963 von Bonn nach Münster gewechselt war. Katholische Fundamentalisten attackierten ihn wutschäumend: Der Heiland werde den Professor Ratzinger beim Jüngsten Gericht einmal hinauswerfen, hieß es in einer Kampfschrift, für die Elisabeth Gerstner verantwortlich zeichnete, eine besonders militante Weggefährtin des französischen Traditionalistenführers Marcel Lefebvre.

Träumte dieser Ratzinger nicht ebenso leichtfertig wie all die anderen theologischen Aufweichler von einer ganz neuen Kirche? Schwärmte er nicht von einer „Freiwilligkeitsgemeinschaft" ohne die bisherigen Privilegien und sagte er nicht blauäugig voraus: „Sie wird auch gewiss neue Formen des Amtes kennen und bewährte Christen, die im Beruf stehen, zu Priestern weihen"? Hatte er nicht auf dem Bamberger Katholikentag 1966 davor gewarnt, den „sekundären Skandal der Verkündiger des Glaubens" mit dem eigentlichen Skandal des Kreuzes zu verwechseln, die Anstößigkeit der Erlösung durch einen sterbenden Gott mit der „eigenen Engstirnigkeit"?

Ratzinger in seiner viel beachteten Katholikentagsrede: „Sekundärer, selbst gemachter und so schuldhafter Skandal ist es, wenn unter dem Vorwand, die Rechte Gottes zu verteidigen, nur eine bestimmte gesellschaftliche Situation und die in ihr gewonnenen Machtpositionen verteidigt werden. Sekundärer, selbst gemachter und so schuldhafter Skandal ist es, wenn unter dem Vorwand, die Unabänderlichkeit des Glaubens zu schützen, nur die eigene Gestrigkeit verteidigt wird: nicht der Glaube selbst, der längst vor jenem Gestern und seinen Formen war, sondern die Form, die er sich einmal aus dem berechtigten Versuch verschafft hat, in seiner Zeit zeitgemäß zu sein, die aber nun gestrig geworden ist und keinerlei Ewigkeitsanspruch erheben darf. Sekundärer, selbst gemachter und so schuldhafter Skandal ist es auch, wenn unter dem Vorwand, die Ganzheit der Wahrheit zu sichern, Schulmeinungen verewigt werden, die sich einer Zeit als selbstverständlich aufgedrängt haben, aber längst der Revision und der neuen Rückfrage auf die eigentliche Forderung des Ursprünglichen bedürfen."

Der frühe Ratzinger: gnadenloser Kritiker klerikaler Hybris und verkrusteter Strukturen, Anwalt individueller Christenrechte gegen die übermächtige Institution. Doch schon in jenen Münsteraner Jahren deutete sich ein Umschwung an. Die Katholikentagsrede wenige Monate nach Konzilsende enthält eine triste Bilanz: „Für die einen hat das Konzil noch viel zu wenig getan, es ist allenthalben in den Anläufen steckengeblieben, ein Konglomerat vorsichtiger Kompromisse, ein Sieg diplomatischer Behutsamkeit über den Sturm des Heiligen Geistes, der nicht komplizierte Synthesen, sondern die Einfachheit des Evangeliums will; für die anderen aber ist es ein Ärgernis, Preisgabe der Kirche an den Ungeist einer Zeit, deren Gottesfinsternis Folge ihrer wilden Verbohrtheit ins Irdische ist. Sie sehen mit Bestürzung, wie ins Wanken gerät, was ihnen das Heiligste war, und wenden sich betroffen ab von einer Erneuerung, die ein Christentum zu herabgesetzten Preisen und so eine Auflösung zu sein scheint, wo ein Mehr an Glaube, Hoffnung und Liebe vonnöten wäre.“

Schon während des Konzils hatte er in einer Zwischenbilanz mit ernüchterndem Sarkasmus gefragt: „Wenn die Bischöfe in Rom die Kirche, ja den Glauben ändern können (so schien es ja), warum eigentlich nur die Bischöfe? (…) Die Rolle, die die Theologen auf dem Konzil übernommen hatten, schuf immer deutlicher ein neues Selbstbewusstsein unter den Gelehrten, die sich als die wahren Sachwalter der Erkenntnis verstanden und darum nicht mehr den Hirten untergeordnet erscheinen konnten. (…) Hinter dieser Tendenz zur Herrschaft der Spezialisten war aber schon das andere zu spüren, die Idee einer kirchlichen Volkssouveränität, in der das Volk selbst bestimmt, was es unter Kirche verstehen will, die ja nun ganz deutlich als Volk Gottes definiert schien. Die Idee der ‚Kirche von unten‘, der ‚Kirche des Volkes', die dann besonders im Kontext der Befreiungstheologie zum Reformziel wurde, kündigte sich an."

Das war nun bereits Ratzinger II, wie ihn manche kritischen Beobachter nennen sollten: bestechend eloquent und zutiefst pessimistisch, die vielschichtige Wirklichkeit in ein paar flotten Strichen karikierend, wie die einen tadeln, oder mit messerscharfem Durchblick entlarvend, wie die anderen schwärmen. Ein Warner und Mahner, der sich über Entwicklungen, Öffnungen, Lernvorgänge nicht neugierig zu freuen vermag, sondern ständig Verfallsprozesse, Entartungen, Verflachungen entdeckt, Verkürzungen der Wahrheit, Häresien, wie das in der Sprache der römischen Kontrollinstanzen heißt.

Immer sehnsüchtiger blickte der zwischen Nordrhein-Westfalen und dem Vatikan pendelnde unstete Wanderer zurück auf die verlorene Heimat – und beneidete einmal mehr den älteren Bruder: Georg machte auch Karriere, durfte aber in Bayern bleiben. Als die Mutter 1964 starb, wechselte er von Traunstein nach Regensburg, als Domkapellmeister und Leiter der weltberühmten „Domspatzen". Zwei Jahre später bot sich für Joseph Ratzinger die Möglichkeit, der geliebten bayerischen Landschaft wenigstens ein Stück weit näher zu rücken: Er erhielt einen Ruf nach Tübingen – und nahm dankbar an. „Es zog mich nach dem Süden."

4

Tübingen, Regensburg, München: Trauma und Wende

„Ich habe das grausame Antlitz dieser atheistischen Frömmigkeit unverhüllt gesehen“

Der Weg zurück zu den bayerischen Wurzeln führte geradewegs durch einen Hexenkessel, und daran war Hans Küng schuld: Er wollte den etwas älteren Fachkollegen Ratzinger nämlich unbedingt an seiner Seite in Tübingen haben – als inspirierendes Gegengewicht zu seinen eigenen Positionen und Problemstellungen. Einem echten Liberalen bereitet so etwas Lust. Es gab etliche Professoren, die den ein wenig zu selbstbewussten Senkrechtstarter aus Bayern ablehnten; Ratzinger schien seine Lehrstühle wie die Hemden zu wechseln und trachtete offenbar nach Höherem. Aber Küng, damals Dekan der Fakultät, ließ nicht locker, bis er seinen Kandidaten durchgesetzt hatte.

Es war ein merkwürdiges Gespann. Küng, der schon immer einen leicht mondänen Touch pflegte und auf Wirkung aus war, düste im eleganten Alfa Romeo zur Hochschule und überholte bisweilen den unscheinbaren Kollegen Ratzinger, der – technisch komplett unbegabt – gar nicht erst versucht hatte, den Führerschein zu machen, und sich auf seinem alten Fahrrad abstrampelte.

Küng liebte damals schon die kritische Attitüde, aber er hatte in Rom studiert, kannte die katholische Innenwelt genau und wollte immer innerhalb der Kirche Opposition betreiben, nicht gegen sie. Ratzinger stellte bei ihm schon früh einen „theologischen Stil" fest, der „nicht der meine war", aber er zollte Küngs wissenschaftlicher Qualifikation Respekt und mochte seine „sympathische Offenheit und Unkompliziertheit". Die beiden kamen prächtig miteinander aus. Jeden Donnerstag traf man sich zum Abendessen und suchte Themen und Autoren für eine gemeinsam herausgegebene Fachzeitschrift. Auch die Vorlesungen sprachen sie miteinander ab. Es war eine fruchtbare Zeit für Ratzinger; 1968 erschien seine berühmt gewordene „Einführung in das Christentum", die innerhalb von drei Jahrzehnten in Deutschland 88 000 Mal verkauft und ins Japanische, Chinesische, Russische, Arabische übersetzt wurde, auch ins Polnische (wobei einige zu „moderne" Absätze herausgekürzt wurden). Das Ziel des Buches: „Es will helfen, den Glauben als Ermöglichung wahren Menschseins in unserer heutigen Welt neu zu verstehen, ihn auslegen, ohne ihn umzumünzen in ein Gerede, das nur mühsam eine völlige geistige Leere verdeckt."

„Es ist ordinär zugegangen"

Im selben Jahr 1968 flammte in den USA, in Prag, an den deutschen Universitäten der Protest gegen die verkrusteten Institutionen und Denkstrukturen auf, gegen eine mit dem atomaren Overkill spielende Politik und gegen den akademischen „Muff von tausend Jahren unter den Talaren". Die Studentenrevolte tobte sich in Tübingen besonders massiv aus (wie es in Deutschland vielleicht nur noch in Berlin der Fall war) und bescherte dem scheuen, wenig konfliktgestählten Professor Ratzinger das Trauma seines Lebens.

Man habe ihm zwar nie das Mikrofon entrissen, wie das in der Presse berichtet worden sei, stellt er richtig. Probleme habe er auch weniger mit den Studenten gehabt als mit einigen Assistenten, dem so genannten akademischen Mittelbau. Aber natürlich gab es auch in seinen Vorlesungen Störungen durch Flugblätter, Trillerpfeifen, lautstarke Zwischenrufe. Manchmal mussten die Professoren über die Körper ihrer dekorativ am Boden liegenden Hörer steigen, um das Rednerpult zu erreichen.

Hans Küng fand die Attacken unverschämt und reagierte auf seine Weise: „Mit der Kampfeslust eines Toreros stemmte er sich gegen die Störungen seiner Vorlesung", berichtete sein späterer Assistent Hermann Häring, „zugleich scheute er nicht die Provokation. Er suchte die inhaltliche Diskussion und erlebte so einige heiße Veranstaltungen."

Dem völlig anders strukturierten Joseph Ratzinger war solche Kampfesfreude nicht gegeben. Wie der schüchterne Schulbub von einst stand er hilflos vor einem tobenden Auditorium. „Es ist ordinär zugegangen damals und er ist übel behandelt worden", bescheinigt ihm sein einstiger Kollege Max Seckler. „Im Umgang mit Konflikten war er nicht versiert. Er verträgt Aggressivität nicht gut." Häring sieht das ähnlich: „Er muss die Flugblätter, die wir produzierten, als ungerechte Angriffe und die Trillerpfeifen, mit denen man seine Vorlesungen störte, wie Pfeile empfunden haben, die sich in Haut und Sinne bohrten. (…) Was sich da abspielte, hatte für ihn mit dem ‚Geist dieser Welt', mit dem Ende des Abendlandes, und mit einem Glauben zu tun, der zerfällt, der vermodert und (wie der Verängstigte später sagen wird) ‚der Fäulnis überantwortet' ist."

Das ist der Punkt. Andere Konservative vermochten Jahrzehnte später mit einer abgeklärten Milde auf jene wilde Zeit zurückzublicken und den Turbulenzen auch etwas Gutes abzugewinnen. Ratzingers Weggefährte Hans Maier etwa – damals kämpfte er gemeinsam mit ihm gegen eine zu forsche Übertragung demokratischer Rezepte auf das Kirchengefüge – pflegte dankbar zu betonen, der Studentenprotest habe das politische Establishment gezwungen, die Werte und Regeln des Verfassungsstaats intelligenter zu begründen und wahrhaftiger zu leben. Ganz anders Ratzinger. Nur mit bangem Schaudern konnte er ein Leben lang von den Tübinger Erfahrungen berichten: „Ich habe das grausame Antlitz dieser atheistischen Frömmigkeit unverhüllt gesehen, den Psycho-Terror, die Hemmungslosigkeit, mit der man jede moralische Überlegung als bürgerlichen Rest preisgeben konnte, wo es um das ideologische Ziel ging."

Theologen als Zugpferde der marxistischen Revolte?

Er selbst, gesteht er überraschend ein, habe anfangs in seine gegen existenzialistische Verkürzungen angelegte Christologie Elemente des marxistischen Denkens aufgenommen, „das ja von seiner jüdisch-messianischen Wurzel her durchaus auch biblische Motive verwahrt". Aber diese ursprünglich von einer religiösen Inbrunst getragene Heilslehre sei dazu übergegangen, Gott auszuschalten und durch das politische Handeln des Menschen zu ersetzen. Hoffnungsglaube ja, aber die Partei an der Stelle Gottes und ein Totalitarismus, der dem fernen Ziel die konkrete Menschlichkeit zu opfern bereit war.

Am stärksten entsetzte Ratzinger die Erkenntnis, dass die Theologischen Fakultäten nicht, wie erwartet, „ein Bollwerk gegen die marxistische Versuchung" bildeten, sondern zum „eigentlichen ideologischen Zentrum" der Revolte wurden, wie er es in seiner Vorliebe für überspitzte Formulierungen ausdrückte. „Bezeichnend bleibt, dass die Zuwendung zu einem anarchisch-utopischen Marxismus, die mit einer rauschhaften Inbrunst vollzogen wurde, nicht nur das Pathos des Religiösen in sich trug, sondern auch in vorderster Linie von Studentenpfarrern und Studentengemeinden getragen wurde, die hier die Erfüllung der christlichen Hoffnungen heraufdämmern sahen."

Geschichte reduziert auf die nicht zum Zug gekommenen gegenläufigen, revolutionären Trends, die noch zu verwirklichende Utopie statt der Gestaltung der vorgefundenen, gewiss unvollkommenen Schöpfung – und das alles als Leitlinie der katholischen Studentengemeinden, die sich das Ziel gesetzt hätten, eine „neue Kirche" zu schaffen und die christlichen Grundbegriffe Befreiung, Diakonie, Kommunion mit „neuem, marxistischem Realismus" zu erfüllen: Wer Ratzinger als sauber argumentierenden, differenziert abwägenden, zurückhaltend urteilenden Zeitbeobachter gekannt hatte, fiel aus allen Wolken. Das war die Sprache eines zutiefst Verletzten, dem bei seinem Bemühen, einen Schock zu verarbeiten, die nüchternen Maßstäbe abhandengekommen waren. Vielleicht erlag er als Kopfmensch der Gefahr, großsprecherische Programmschriften und Pamphlete zu überschätzen. Vielleicht machte er sich selbst bittere Vorwürfe, mit seinen eigenen liberalen Denkbewegungen am Zusammenbruch der Ordnung mitschuldig zu sein. „Seither verdächtigt er alles, was von unten kommt", vermutete jedenfalls der damalige Leidensgenosse Küng. „Unruhe und Krise", so assistierte Häring, „gelten ihm nicht als Zeichen der Vitalität, sondern als Beweis für Unglaube und Traditionsverlust."

Ab und zu flackerte etwas in ihm auf, das ihn irritierte, beflügelte, die neu erworbenen Sicherheiten bedrohte: Noch 1968, auf dem Höhepunkt der Studentenrevolte, unterschrieb der von allen Freiheitsparolen gründlich enttäuschte Ratzinger entschlossen die Theologenerklärung von Nijmegen, die durchgreifende Reformen im Heiligen Offizium und einen größeren Freiheitsraum für die theologische Forschung forderte. Gemeinsam mit Küng protestierte er „gegen Zwangsmaßnahmen bei irrigen theologischen Auffassungen". Das in der Tübinger „Theologischen Quartalschrift" 1969 veröffentlichte Votum für die freie Wahl der bislang von Rom ernannten Bischöfe und für die Begrenzung ihrer Amtszeit auf acht Jahre (weil eine Amtsübertragung auf Lebenszeit zu einem überbordenden Machtbewusstsein führe und der Seelsorge im Bistum auf Jahrzehnte hinaus einen sehr einseitigen Stempel aufdrücke) unterzeichnete er auch noch – distanzierte sich aber bald darauf von seiner Unterschrift, weil er sich unter Druck gesetzt fühlte.

Das Gedächtnis eines Elefanten

Der unversehens zum Hauptgegner von Strukturreformern und Gesellschaftsveränderern avancierte Dogmatiker gehörte mittlerweile der von Paul VI. geschaffenen Internationalen Päpstlichen Theologenkommission an, er zählte zu den Gründern der als konservativ geltenden theologischen Zeitschrift „Communio", und er war 1969 von Tübingen nach Regensburg gewechselt, wo sein Bruder Georg als Domkapellmeister lebte. Die Universität war gerade erst gegründet worden, die noch im Aufbau befindliche Katholisch-Theologische Fakultät galt als die beste Bayerns, und es ging ruhiger zu als im Hexenkessel Tübingen, obwohl sich die „Kulturrevolution" der aufbegehrenden akademischen Jugend auch hier bemerkbar machte. Die Drittelparität in den Gremien – ein bald wieder abgeschafftes Unikum in der bundesdeutschen Hochschullandschaft – gab dem akademischen Mittelbau und den Studenten doppelt so viele Stimmen wie den Professoren. In den ersten Semestern Soziologie gehörte ein Grundkurs in marxistischer Theorie zum Pflichtstudium.

Seine Schüler erinnerten sich später an Ratzingers damals noch glockenhelle Sopranstimme mit ihrem weichen, alpenländisch angehauchten Timbre, die an die Schauspieler aus alten Filmen denken ließ. Und sie schwärmten von seiner begnadeten Formulierungskunst: Auch ohne Manuskript konnte er stundenlang druckreif sprechen, seine Schachtelsätze brachte er jedes Mal zu einem korrekten Ende.

Und Ratzingers Bücher! In Regensburg erschien damals eine katholische Dogmatik in handlichen, knapp und verständlich geschriebenen Einzelbänden. Ratzinger schrieb nur den letzten Band „Eschatologie – Tod und ewiges Leben", aber der hatte es in sich. In der Eschatologie, der „Lehre von den letzten Dingen", geht es ja um den zentralen Inhalt christlicher Hoffnung, die sich auf das Jenseits richtet und gleichzeitig aktiv und verändernd in die Gegenwart hineinwirkt. In einer ebenso gründlichen wie fairen Auseinandersetzung mit Existenzialismus, Marxismus, Befreiungstheologie versucht Ratzinger hier die Wirklichkeit der ganz persönlichen Erlösung zu retten, die dem Einzelmenschen gilt und mit Politik zunächst nichts zu tun hat: Das „kleine Glück" der individuellen Lebenserfüllung gelte zu Unrecht als „spießiger Geselle" gegenüber der Hoffnung auf die gerechte, friedliche neue Welt. Denn der Glaube ziele auf ein „Heilsein der Welt, das auch mich glücklich macht".

Was Ratzinger über Tod und Jenseits, Himmel und Hölle zu sagen hat, zeigt wie in einem Brennglas sein einzigartiges Talent, die Denkbewegungen der klassischen Theologie für die existenziellen Lebensfragen moderner Menschen fruchtbar zu machen. Nicht nur die Ungläubigen hätten Probleme mit dem Leben nach dem Tod, räumt er ein, auch die meisten Christen hielten das ewige Leben für eine ziemlich unsichere Angelegenheit und „ein ewiges Dahingehen unserer Existenz" für nicht besonders wünschenswert. Die theologische Rede vom ewigen Leben meine aber doch keine quälend lange Dauer, „sondern eine Qualität der Existenz (…), in der die Dauer als endloses Nacheinander

Zwei Brüder: Der Kardinal mit seinem drei Jahre älteren Bruder Georg. Beide waren „Familienmenschen"; auch als der Jüngere das Papstamt ausübte, telefonierten sie fast täglich miteinander.

von Augenblicken verschwindet (…), jene neue Qualität von Existenz, in der alles in das Jetzt der Liebe zusammenfließt (…). Damit wird auch deutlich, dass das ewige Leben nicht einfach das ist, was danach kommt und wovon wir uns jetzt gar keine Vorstellung bilden könnten. Weil es eine Qualität der Existenz ist, kann es schon mitten im irdischen Leben und seiner zerfließenden Zeitlichkeit als das Neue, Andere und Größere gegenwärtig sein, wenn auch immer nur bruchstückhaft und unvollendet." Weil Ewigkeit nicht endlose Zeit bedeute, sondern eine andere Ebene des Daseins, könne das ewige Leben mitten in der irdischen Zeit da sein, wo ein Leben „Aug' in Auge mit Gott" gelinge. „Wie eine große Liebe kann es uns durch keine Wechselfälle mehr abgenommen werden, sondern ist eine unzerstörbare Mitte, aus der der Mut und die Freude des Weitergehens kommen, auch wenn die äußeren Dinge schmerzlich und schwer sind."

Die Schlussfolgerung scheint unabweisbar: „Das ewige Leben ist jene Weise des Lebens mitten in der Gegenwart unserer irdischen Existenz, die durch den Tod nicht betroffen wird, weil sie über ihn hinausreicht." Ratzinger über die Auferstehung der Toten: „Liebe fordert Unendlichkeit, Unzerstörbarkeit", und das verspricht die Bibel: Unsterblichkeit aus Liebe. Die Schranke „Tod", die alles Glück dieser Welt begrenzt und abschneidet – Gott bindet sie nicht, und das ist unsere Hoffnung. Ratzinger über den Himmel: kein geschichtsloser Ort über den Wolken, sondern eine Wirklichkeit, die durch die Berührung von Gott und Mensch entsteht – „erfüllte Liebe". Ratzinger über die Hölle: Sie ist kein glutheißer Schreckensort unterhalb der Erde, sondern die „Zone der unberührbaren Einsamkeit und der verweigerten Liebe", Ausdruck der „endgültigen Verweigerung des ‚Seins-für'", trotzige Ablehnung jedes Empfangens und Beschenktwerdens, „das, was wird, wenn der Mensch sich ins Eigene versperrt". Verdammtsein bedeutet „an nichts mehr Geschmack finden können, nichts mehr mögen, niemanden mögen und selber nicht gemocht sein".

Und Ratzinger über das Fegfeuer: ein Läuterungsprozess, keine „Art von jenseitigem Konzentrationslager (…), in dem der Mensch Strafen verbüßen muss (…), vielmehr der von innen her notwendige Prozess der Umwandlung des Menschen". Die Begegnung mit Christus, in der uns „alle Erbärmlichkeit und Schuld unseres Lebens (…) brennend vor der Seele steht". „Fegefeuer bedeutet im Grunde, dass Gott die Scherben zusammenfügt."

Es sind solche begnadeten Formulierungen, die jedes Auditorium mucksmäuschenstill werden ließen und die man dreimal lesen musste, bevor man Widerspruch auch nur zu denken wagte. Ratzingers Eloquenz war an allen Stationen seiner Laufbahn legendär, sie hat nach Einschätzung erfahrener Vatikanbeobachter entscheidend zu seiner Wahl beigetragen, und sie paarte sich auch noch im fortgeschrittenen Alter mit dem beneidenswerten Gedächtnis eines Elefanten.

Eines Elefantenhäuptlings, möchte man sagen. Einer seiner Assistenten verriet einmal, wie Ratzinger seine Bücher schrieb (im wahren Sinn des Wortes, denn er schrieb immer mit der Hand, mit einem gut gespitzten Bleistift, das Tippen in die Maschine beziehungsweise später in den Computer überließ er einer Sekretärin): Zuerst brachte er den Text zu Papier, dann setzte er die Fußnoten ein und erst ganz zuletzt prüfte er die Quellen nach. Das heißt, er vermochte exakte Zitate von beträchtlicher Länge aus der Erinnerung abzufragen, auch in Fremdsprachen und aus Werken, die er vor Jahren oder Jahrzehnten gelesen hatte. Und auch das erzählte man sich noch lange in Regensburg: Der angeblich so kühle Dogmatik-Professor bemühte sich um ein menschliches Verhältnis zu Mitarbeitern und Studenten, auch zu deren Angehörigen. Diskret, aber nachhaltig Geldquellen erschließend, kümmerte er sich um einen afrikanischen Pfarrer namens Bartholomäus Adukonu, der bei ihm promovierte und mit irdischen Gütern nicht gerade gesegnet war.

Als nach Bekanntgabe der – überraschenden – Ernennung Ratzingers zum Münchner Erzbischof am 25. März 1977 die ersten Journalisten in der Regensburger Universität eintrudelten, mussten sie erst einmal eine Stunde warten: In seinem Dienstzimmer lief gerade das Rigorosum, die mündliche Doktorprüfung, für den Schützling aus Benin ab, und der Professor ließ sich nicht aus der Ruhe bringen. Erst kurz vor Mittag – während im Erzbistum München und Freising schon überall die Kirchenglocken ein Festgeläut anstimmten – tat sich in Regensburg die Tür auf, es erschien ein bis über beide Ohren strahlender Prüfling, dem sein Professor höflich in den Mantel half, und danach stellte sich der Neuernannte den Fragen der Presse.

Lernfähig: Der Kurienkardinal geht neben Sebastian, dem zweijährigen Enkel eines Professorenkollegen, auf die Knie, um sich ein Dominospiel zeigen zu lassen.

Dann gibt es da noch die herzbewegende Geschichte von seiner Regensburger Lehrstuhlsekretärin, die bald nach Ratzingers Berufung zum Erzbischof schwer krank wurde und im Pflegeheim an Körper und Seele verfiel. Fast jedes Mal, wenn er in Regensburg war, besuchte der Kardinal seine einstige „Perle", brachte ihr ein kleines Präsent mit, plauderte mit ihr – als sie nicht mehr sprechen konnte, erzählte er einfach etwas – und verabschiedete sich mit seinem Segen. „Wie eben ein Geistlicher einen Krankenbesuch macht", erinnerte sich ein Professorenkollege. Und ein Geistlicher sei er ja auch in seinen herausgehobenen Kirchenämtern geblieben, verpflichtet zur mitmenschlichen Sorge.

Der „Glaube der Einfachen" und die gefährliche politische Theologie

Beworben, angedient, selbstbewusst ins Spiel gebracht hat er sich nie. Nur ganz am Anfang, da wollte er unbedingt Priester werden, unbedingt ein Gelehrtenleben führen, unbedingt eine Professur haben – weil er sich dazu mit allen Nervenzellen eines kühlen Kopfes und allen Fasern eines heißen Herzens berufen und imstande fühlte. Bereits zum riskanten Wechsel nach Tübingen musste ihn sein damaliger Sympathisant und Bewunderer Hans Küng überreden. Regensburg, nun ja, da hatten die Theologen an der nagelneuen Uni laut Gründungsvertrag noch einen Lehrstuhl zu vergeben, eigentlich hatte es einer für Judaistik sein sollen, aber weil man den prominenten Ratzinger gern in der Fakultät haben wollte und er selbst nach Bayern zurück strebte, widmete man den Lehrstuhl kurzentschlossen in „Dogmatik und Dogmengeschichte II" um.

Dass er 1977, mit 49 Jahren, Erzbischof von München und Freising werden sollte, damit hatte kaum jemand gerechnet, am wenigsten er selbst. Derart wichtige Bischofssitze werden in aller Regel mit Kandidaten besetzt, die schon Führungsqualitäten in einem kleineren Bistum bewiesen haben. Ratzinger hingegen hatte kaum Seelsorgeerfahrung, und am Germanicum, der römischen Bischofsschmiede, hatte er auch nicht studiert, im Gegensatz zu den meisten seiner deutschen Kollegen.

Aber Paul VI., ebenfalls ein feinnerviger, eher scheuer Intellektueller auf dem Stuhl Petri, im Gegensatz zu Ratzinger aber skrupulös und zurückhaltend in seinen Urteilen, wusste genau, was er tat, als er den Professor zum Bischof und nur wenige Wochen darauf auch noch zum Kardinal machte. Es schien gut, den bisweilen unberechenbaren und unverschämt beredsamen Vordenker in die Hierarchie einzubinden und damit endgültig zu domestizieren. Und mit nicht einmal 50 Jahren war Ratzinger für katholische Verhältnisse blutjung; wusste man, was noch aus ihm werden konnte? Da ließ man ihn am besten gleich lernen, was er noch nicht beherrschte: den großen öffentlichen Auftritt, Personalpolitik, den ganzen riesigen Verwaltungskram einer Diözese im reichen Deutschland.

Der Erzbischof Ratzinger versuchte sich in der neuen Aufgabe treu zu bleiben. In Aufsehen erregenden Predigten im Münchner Liebfrauendom geißelte er die „Herzverfettung des Habens und Genießens“ und die „geistige Umweltverschmutzung“, forderte den Verzicht auf Kriegsspielzeug unter dem Weihnachtsbaum und die freundliche Aufnahme vietnamesischer Boat People und stellte klar: „Die Parole ‚Seid nett zueinander‘ ist zwar nicht zu verachten, aber sie erreicht nicht die Höhe des Evangeliums, weil sie uns die Mühsal erspart, uns auf den Weg der Wahrheit zu machen und so wirklich zueinander zu kommen.“

Nüchterne Wachsamkeit, kritischer Scharfblick, Abneigung gegen Schlagwörter und fromme Phrasen hatten den Theologen Ratzinger immer schon ausgezeichnet. Während früher jedoch gelegentlich auch träge römische Behörden und amtskirchliche Institutionen seinem zornigen Spott zum Opfer gefallen waren, wählte er sich jetzt nur noch eine bestimmte Seite zur Zielscheibe. Die schleichende Verwandlung des debattierfreudigen Wissenschaftlers in den Chefideologen der Hierarchie vollzog sich vor aller Augen. Etwa in seiner Silvesterpredigt 1979 im Münchner Dom, die zu einem Rundumschlag gegen alles geriet, was nach Zeitgeist, Institutionskritik, Strukturreform und Basiskirche roch: „Das weltumfassende absolute Böse ist in die entscheidende Phase des Angriffs eingetreten. Auf die wirksamste Weise wird der Boden für seinen Triumph in der Welt durch die Vermischung der Wahrheit mit der Unwahrheit bereitet." Das war noch nicht Ratzinger, sondern der russische Dissident Alexander Solschenizyn, den er zitierte – um unversehens auf den innerkirchlichen Raum überzuspringen und zu konstatieren, die Kritik am Papst sei in ein „dramatisches Stadium" getreten und die Kirche müsse sich als „unerträgliches Relikt des finstersten Mittelalters" verunglimpfen lassen, „in der statt demokratischer Vernunft machtwütige Ayatollahs wüten".

Hintergrund der Brandrede war der breite öffentliche Unmut über den Entzug der kirchlichen Lehrerlaubnis für Ratzingers alten Weggefährten Küng – vor allem über Begründung und Methode dieser Maßnahme. Doch die Glaubenswahrheit, setzte der Erzbischof dagegen, sei nicht das beliebig interpretierbare Eigentum des einzelnen Christenmenschen, und das Lehramt habe die Pflicht, den „Glauben der Einfachen" zu schützen; „derer, die nicht Bücher schreiben, nicht im Fernsehen sprechen und keine Leitartikel in den Zeitungen verfassen können. Das ist sein demokratischer Auftrag. Es soll denen Stimme geben, die keine haben."

Diejenigen unter den Mitbischöfen, Theologen, Pfarrern und „einfachen" Gläubigen, die seit Jahrzehnten mit guten Argumenten eine Überprüfung der jedem Rechtsstaat Hohn sprechenden Methoden der vatikanischen Glaubenswächter forderten, unter anderem mit Berufung auf den „jungen" Ratzinger, rieben sich verwundert die Augen: Es sollte keine Machtausübung, kein Machtmissbrauch sein, wenn eine Kirchenbehörde Amtsenthebungsverfahren durchführte, ohne den Betroffenen anzuhören, ohne ihm Akteneinsicht und Gelegenheit zur Verteidigung zu geben? Keine Machtausübung, wenn sie Unterwerfungserklärungen forderte, ohne Vorwürfe und Konfliktpunkte zu benennen?

Die Wogen der Empörung schlugen erneut hoch, als der Erzbischof die Berufung des Münsteraner Fundamentaltheologen Johann Baptist Metz nach München verhinderte. Der wie er aus einer kleinen bayerischen Gemeinde stammende Metz war nicht irgendjemand, sondern der Vater der so genannten neuen politischen Theologie. Metz wurde nicht müde, die „bürgerliche Servicekirche“ mit der messianischen Tradition christlichen Glaubens zu konfrontieren, die „gefährliche Erinnerung“ an Jesus Christus aus der geläufigen Verharmlosung zu befreien und das „Leiden am Leiden anderer“ als unverzichtbare Voraussetzung von Theologie und Frömmigkeit zu benennen. Auf dem Freiburger Katholikentag 1978 hatte er die bittere Frage gestellt: „Ist das Christentum in der Bundesrepublik am Ende eine bürgerliche Religion – mit hohem Gesellschaftswert, doch ohne messianische Zukunft?“ Seine Antwort: „Unter dem Deckmantel bürgerlicher Religion klafft inmitten der Kirche ein Riss zwischen den öffentlich proklamierten, kirchlich verordneten und geglaubten messianischen Tugenden des Christentums (Umkehr und Nachfolge, Liebe und Leidensbereitschaft) und den tatsächlichen Wert- und Lebensorientierungen bürgerlicher Praxis (Autonomie, Besitz, Stabilität, Erfolg).“

Diese Einschätzung hätte Wort für Wort auch von Joseph Ratzinger stammen können. Bei Metz klang das aber alles so gefährlich direkt und konkret, dass ihn der zum Oberhirten Aufgestiegene lieber nicht bei sich in München haben wollte. Ratzinger bewog den ihm freundschaftlich verbundenen Kultusminister Hans Maier, nicht den vom Universitätssenat einstimmig empfohlenen Metz, sondern den auf der Berufungsliste Zweitplatzierten zu ernennen. Karl Rahner, damals eine Ikone der europäischen Theologie, veröffentlichte einen leidenschaftlichen Zeitungsprotest und mied den einstigen Konzilskollegen Ratzinger bis zu seinem Tod 1984.

Zwei Päpste: Erzbischof Ratzinger an der Seite von Johannes Paul II. bei dessen erstem Deutschland-Besuch im November 1980.

Wohnten zwei Seelen in der Brust des Kardinals? Fochten die Liebe zum freimütigen Dialog und die Angst vor anarchischer Unordnung in ihm einen Kampf aus, der nie so richtig entschieden wurde? Es gab ja auch immer wieder einmal irritierende Überraschungen, etwa als Kardinal Ratzinger 1980 beim Besuch von Papst Johannes Paul II. in München eine hübsche, etwas schüchterne Ministrantin als „Stabhalterin" aussuchte. Den Stab eines Bischofs zu hüten, ist beim Altardienst ein begehrtes Ehrenamt und war damals, als das Ministrantenamt gerade erst für Mädchen geöffnet worden war, noch strikt den Jungs vorbehalten. Und dann gar den Hirtenstab des Papstes!

5

Rom: Der ewige Konflikt zwischen dem Privatmann und dem Beamten

„Wer mit uns zu tun bekommt,
der sieht,
dass wir keine Unmenschen sind“

Nur vier Jahre, und es nahte schon das nächste Amt, um das sich der stets an seiner Gesundheit und Spannkraft zweifelnde Kardinal nicht gerissen hatte. Diesmal war es der Woityła-Papst, der ihn hartnäckig bedrängte, bis der nach einer dauerhaften Heimat und Muße für seine wissenschaftlichen Interessen hungernde Bayer seufzend nachgab und 1981 die Leitung der Kongregation für die Glaubenslehre in Rom übernahm.

Von da an traf er sich 24 Jahre lang – wenn der Papst nicht gerade auf Reisen war – jeden Freitagabend mit Johannes Paul II., um die großen Linien und die aktuellen Konfliktfälle zu erörtern. Auf Deutsch. Man war nicht immer einer Meinung, aber Wojtyła und Ratzinger schätzten einander und ergänzten sich hervorragend: zwei starke Persönlichkeiten und dennoch in guter Balance, weil dem einen mitunter die theologischen Feinheiten fehlten – der Papst war an der Universität Lublin Ethiker gewesen, mehr Philosoph als Theologe – und dem anderen die charismatische Verwegenheit. Radikal Glaubende und mitreißende Visionäre waren sie beide, der eine auf seine leise Art, der andere in der stürmischen Umarmung der Massen.

Beobachter sprachen bald von einem „Doppelpontifikat", und es war nicht immer bewundernd gemeint. Manche kritisierten, der theologische Hardliner Ratzinger dränge den mehr an Mystik und kraftvoller Spiritualität interessierten Papst zu engen lehrmäßigen Festlegungen. Andere vermuteten in einem kühnen Gedankensalto, der bedächtige Deutsche habe die absolute Verbindlichkeit gewisser päpstlicher Lehrentscheidungen – wie der Ablehnung der Priesterweihe von Frauen – deshalb so laut verkündet, um den sendungsbewussten Polen von der tatsächlichen Verlautbarung neuer Dogmen abzubringen.

„Wir sind keine Unmenschen", sagt der Großinquisitor

Die Geschichte der Glaubenskongregation – des früheren Heiligen Offiziums, der römischen Inquisition – trägt ein Janusgesicht: Blutschuld, träges Denken und grässlicher Dogmatismus, aber auch ein redliches, den Zeitgeist manchmal mutig überholendes Bemühen um Fairness und Gerechtigkeit. Die Öffentlichkeit kennt in der Regel nur die erstere Seite. Der neue Chef wusste um das miserable Image seiner Behörde und äußerte alsbald sympathische Vorsätze: Die Kongregation wolle die Arbeit der Theologen keineswegs misstrauisch kontrollieren und behindern, sondern fördern und für die kirchliche Gemeinschaft fruchtbar machen.

„Wer wirklich mit uns zu tun bekommt", versicherte Ratzinger später seinem Interviewer Seewald, „der sieht dann auch, dass wir keine Unmenschen sind, sondern versuchen, stets eine sinnvolle Lösung zu finden. Es ist, wie in jeder Gesellschaft, letzten Endes auch in der Kirche so, dass man den richtigen Ausgleich zwischen den Individualrechten und dem Gut der Gemeinschaft als ganzer finden muss. (…) Wir versuchen im Übrigen, ohne Strafen auszukommen und auf dem Weg der Gespräche Lösungen zu finden, so dass der Autor sich besser erklärt, als er es bisher getan hatte. Das heißt, wir nehmen mit dem jeweiligen Bischof oder mit dem Ordensoberen Kontakt auf, der wiederum mit dem Betroffenen ins Gespräch tritt, so dass es also erst gar nicht zur Straftat kommt, sondern dass es sich als ein Denkschritt erweist, der sich dann weiterentwickelt."

Eine abweichende Meinung als Straftat? Nun, das sei eben die Sprache des Kirchenrechts, beruhigten sich die Theologenkollegen und freuten sich erst einmal über Ratzingers Ernennung. Seine Vorgänger waren gute Beamte und treue Wachsoldaten des Papstes gewesen, aber keine Wissenschaftler von Starformat. Ratzinger würde – unbeschadet seiner konservativen Wende – auf Neuansätze und Provokationen erst einmal mit kollegialer Neugier reagieren, hoffte man.

„Großinquisitor" und „Panzerkardinal" haben ihn zu simplen Plakatierungen neigende Medien und Berufskritiker mit Beißreflex genannt, „Rechthaber qua Amt", einen typischen aggressiven Deutschen eben, einen Beamten, der Gott wohl für einen Behördenchef hielt und Glauben für etwas mit Kontrollfragen Überprüfbares. Er muss schlimm gelitten haben unter solchen Zerrbildern, mehr noch als unter den unvermeidlichen Zwängen des Amtes. Nicht nur einmal ließ er durchblicken, wie unbefriedigend er es empfand, immer nur akut auf hochlodernde Konflikte reagieren zu sollen, immer nur Fragmente vorlegen zu können, statt ein systematisches, viele Facetten berücksichtigendes Konzept zu entwickeln. Wie oft hätte er lieber endlos diskutiert und sich in lustvolle geistige Kämpfe verwickeln lassen, statt endgültige Urteile in die Welt zu setzen!

Zwei Seelen in der Brust des Präfekten

Menschen, die Ratzinger gut kannten, stellten erschrocken fest, wie er sich in Rom veränderte. Der einst so Liebenswürdige und Gelassene büßte an Humor ein, sein Lächeln erschien gequält, die Stimme hörte sich gelegentlich kalt und schneidend an. Obwohl er ständig zu Kongressen und Vorträgen vor großem Publikum eingeladen wurde, wirkte er immer menschenscheuer, blickte über sein Auditorium hinweg in imaginäre Fernen, schlich, wenn er zu Fuß unterwegs war, an den Häuserfassaden entlang wie ein einsames Tier. Wenigen gelang es, seine Maske im Gespräch zu lüften – und das meist nur, wenn sie ihm bewundernd zu Füßen sanken.

Was blieb ihm auch anderes übrig, als seinen inneren Zwiespalt zu verbergen? Den Kampf des kreativen, wissbegierigen Theologen Ratzinger in seiner Forscherleidenschaft und Diskussionsfreude mit dem Glaubenswächter, der keine Privatmeinung mehr haben, geschweige denn vertreten sollte, sondern nur noch einem kirchenamtlichen Konsens verpflichtet war, den er ja andererseits wieder selbst produzierte durch seine und seiner 40 Mitarbeiter tägliche Wachsamkeit und Prüfarbeit.

In der Schweiz saß einer seiner alten Freunde, der orthodoxe Metropolit Damaskinos Papandreou, Leiter des Ökumenischen Instituts Chambésy. Ihm klagte er ungeschminkt sein Leid. „Der Professor und der Präfekt sind dieselbe Person", schrieb er dem Weggefährten, aber sie hätten unterschiedliche Aufgaben. „Der Professor (der ich ja immer noch bin) müht sich um Erkenntnis und stellt in seinen Büchern und Vorträgen dar, was er glaubt gefunden zu haben und nun sowohl dem Disput der Theologen wie dem Urteil der Kirche unterstellt. (…) Was er schreibt oder sagt, kommt aus seinem persönlichen Denk- und Glaubensweg heraus und ordnet ihn in den gemeinsamen Weg der Kirche ein. Der Präfekt hingegen hat nicht seine persönlichen Auffassungen darzulegen (…), sondern er muss dafür Sorge tragen, dass die Organe der lehrenden Kirche in großer Verantwortung ihre Arbeit tun, so dass am Ende ein Text von allem bloß Privaten gereinigt ist und wirklich gemeinsames Wort der Kirche wird." Dokumente seiner Kongregation, so präzisierte der Behördenchef, seien „nicht unfehlbar", aber doch mehr als bloße Diskussionsbeiträge: „Wegweisungen, die zum gläubigen Gewissen der Hirten und Lehrer sprechen wollen". Und im Disput der Fachleute müsse die Kongregation „an kritischen Punkten Markierungen setzen, zeigen, wo der Raum der theologischen Debatte beginnt, die sie nicht behindern darf, und wo der Glaube selbst im Spiel steht, der die Grundlage aller Theologie bildet."

Es war wohl gar nicht anders möglich: Wer tagaus, tagein besorgte Anfragen, Denunziationen, Kopien vermeintlich aufrührerischer Artikel und glaubenszersetzender Vorlesungsmanuskripte auf den Schreibtisch bekommt, und das 24 Jahre lang, der ist zwangsläufig in Versuchung, nur noch das Negative zu sehen und in jeder Ecke Gefahren zu wittern.

Den „Fall Curran" hatte Ratzinger von seinem Vorgänger im Amt, dem biederen Kroaten Franjo Seper, übernommen – aber er verschärfte den Konflikt, statt Brücken zu bauen: Der Moraltheologe Charles Curran war der Star an der Catholic University of America in Washington. Als er nach freizügigen Meinungsäußerungen über Homosexualität, Masturbation und Familienplanung entlassen wurde – angeblich auf Betreiben des Nuntius –, traten die Dozenten geschlossen in den Streik, und Curran wurde wieder eingestellt. In den folgenden Jahren bekam der Zwist eine grundsätzliche Bedeutung: Curran wollte von Rom wissen, ob die Linie des – nicht unfehlbaren – ordentlichen Lehramts in sämtlichen Streitfragen absolut verpflichtend sei, inwieweit begründeter Widerspruch eines Theologen – weil möglicherweise zum Besten der Kirche – geduldet werden könne, ob es im Lauf der Geschichte Irrtümer des nicht unfehlbaren Lehramts gegeben habe, die aufgrund solcher abweichender Theologenmeinungen berichtigt worden seien. Ratzinger wiederum bestand auf der Anerkennung der römischen Lehre in vollem Umfang. 1986 musste die Hochschule Curran endgültig entlassen. Eine wichtige Möglichkeit zum Dialog war vertan worden – denn die katholische Tradition kennt sehr wohl eine „Hierarchie", das heißt eine Rangordnung, von Wahrheiten und den heiligen Respekt vor dem persönlichen Gewissen.

Auch das Zerwürfnis mit Küng, dem nach unorthodoxen Äußerungen zur päpstlichen Unfehlbarkeit die Lehrerlaubnis entzogen worden war, wurde nicht bereinigt. Er respektiere den Weg des einstigen Kollegen, erklärte Ratzinger kühl, aber er solle „nicht auch noch das Siegel der Kirche dafür verlangen".

„Tu was für dein Vaterland, töte einen Priester!"

Lateinamerika ist der Kontinent der modernen Christenverfolgung. Allein in den zehn Jahren zwischen den kirchenhistorisch bedeutsamen Bischofsversammlungen in Medellin 1968 und Puebla 1979 – nie zuvor hatte sich die Kirche einer ganzen Weltregion so geschlossen auf die Seite der Armen gestellt – wurden dort mindestens 1500 Priester, Nonnen, Religionslehrerinnen, christliche Gewerkschafter inhaftiert, verschleppt, gefoltert, massakriert. „Tu was für dein Vaterland, töte einen Priester!" plakatierten rechte Militärs und die Todesschwadronen der Großgrundbesitzer. Der Erzbischof von San Salvador, Oscar Romero, der im Sonntagsgottesdienst Menschenrechtsverletzungen anzuprangern und Listen von Ermordeten und Verschwundenen zu verlesen pflegte, wurde am Altar erschossen; der Mordauftrag kam von Militär und Geheimdienst. 2018 wurde Romero heiliggesprochen. In Brasilien schleifte man den 28-jährigen Henrique Neto, Studentenpfarrer des als

„Kommunistenerzbischof“ verschrienen Oberhirten Hélder Câmara von Recife, mit einem Auto durch die Straßen, bis nur noch Fleischfetzen übrig waren. Am 16. November 1989 drangen um zwei Uhr nachts 30 Männer in Militäruniformen in die von Jesuiten geleitete Universidad Centroamericana in San Salvador ein, folterten und ermordeten den Rektor Ignacio Ellacuría und fünf weitere Jesuiten. Befreiungstheologen, die an der Hochschule für eine Agrarreform und die Beteiligung der Armen an gesellschaftlichen Entscheidungsprozessen kämpften und in Slumpfarreien und Dörfern seelsorglich arbeiteten.

Während in der „Dritten Welt“ die Kräfte der Hölle losgelassen schienen, saß auf der anderen Seite des Globus, in Rom, ein distinguierter Herr an seinem Nussbaumschreibtisch und feilte an einer wohl ausgewogenen Handreichung für den Umgang mit den Ideen eben dieser „Befreiungstheologen“. Der Aufstand gegen die „himmelschreienden Ungerechtigkeiten“ zwischen Reich und Arm müsse in den Herzen der Christen selbstverständlich ein „starkes und brüderliches Echo“ auslösen. Doch „unkritische Anleihen bei der marxistischen Ideologie“ und eine rationalistische Bibelauslegung drohten „das zu verderben, was das anfängliche großherzige Engagement für die Armen an Echtem besaß“.

In eleganten Formulierungen und prägnanten Sätzen verurteilte der Präfekt der vatikanischen Kongregation für die Glaubenslehre in seiner Instructio marxistische Gesellschaftsanalyse und Klassenkampfideen, „Politisierung der Glaubensaussagen“ und Verfälschung der Jesusgestalt zu einem politischen Rebellen. Der Klassenkampf habe sich als „Mythos“ erwiesen, der das Elend nur verschlimmere, und revolutionäre Gewalt bringe nicht automatisch eine gerechtere Gesellschaft, geschweige denn Gottes Reich zustande.

Was alles sehr plausibel klang. Und zusammen mit den eindeutigen Bekenntnissen zu Sehnsüchten und Zielen –

nicht Methoden – der Befreiungstheologen gelesen werden musste, die der von den Menschenrechten förmlich besessene Papst Johannes Paul II. auf seinen Lateinamerika-Reisen abgab. Sein Präfekt musste außerdem 1986, angeblich auf Geheiß des Chefs, eine zweite Instruktion mit erheblich positiverem Zungenschlag nachschieben. Doch die Militärjuntas und ihre Rollkommandos hatten mit dem verhängnisvollen Papier aus Rom erstklassige geistige Munition für ihren Ausrottungsfeldzug gegen christliche Basisgemeinden bekommen.

Ratzingers große Sorge war, dass Priester, die aus den edelsten Motiven für die Rechte der Ausgebeuteten eintraten, in den Streit der politischen Parteien und Programme hineingezogen würden und ihre geistliche Botschaft nicht mehr glaubwürdig ausrichten könnten. Ein Zerrbild, erwiderte der brasilianische Dogmatiker und Franziskanerpriester Leonardo Boff. Die Befreiungstheologen seien Leute mit einer tiefen Spiritualität und Volksnähe, die von den in Europa gerade modernen theologischen Gedankenexperimenten nicht besonders viel hielten. Marxistische Erklärungsmodelle benutzten sie allenfalls als Hilfe, die Mechanismen des Kapitalismus zu verstehen. Und dass ein richtiger Marxist immer auch Atheist sein müsse, das behaupteten eigentlich nur noch Ratzinger und die Sowjetische Akademie der Wissenschaften.

„Szenen keiner Ehe": Der Kardinal und die deutschen Katholiken

Ratzingers Sündenregister bei Leuten, die sich auch nur ansatzweise links von der offiziellen römischen Linie aufhielten, wurde länger und länger. 1993 zwang er den Vorsitzenden der Deutschen Bischofskonferenz, den Mainzer Bischof Karl Lehmann, und seine Mitbrüder Walter Kasper (damals noch Bischof von Rottenburg-Stuttgart) und Oskar Saier (Freiburg), indem er sie dreimal nach Rom zitierte, ihre in einem gemeinsamen Hirtenwort gemachten Vorschläge zurückzuziehen, wie man wiederverheiratete Geschiedene doch zu den Sakramenten zulassen könne. Ratzinger blieb hart: Mit einer solchen Praxis werde das klare Zeugnis für die Unauflöslichkeit der Ehe verdunkelt.

Überhaupt Lehmann, überhaupt die Deutschen: Der Streit um die wirksamste Methode, ungeborenes Leben zu schützen und Abtreibungen zu verhindern, führte zur härtesten Machtprobe seit langem zwischen dem Papst (und seinem Präfekten) und großen Teilen der bundesrepublikanischen Kirche. 1995 wurde unter dem CDU-Kanzler Kohl die straffreie Abtreibung innerhalb der ersten zwölf Schwangerschaftswochen ermöglicht – allerdings erst nach einem Beratungsgespräch. An den dafür eingerichteten Beratungsstellen beteiligte sich auch die katholische Kirche; von den 20 000 Frauen, die dort im Laufe eines Jahres vorsprachen, entschieden sich immerhin etwa 5 000 gegen einen Schwangerschaftsabbruch. Doch Papst Johannes Paul II. verlangte den Ausstieg aus dem staatlichen Beratungssystem. Sein Argument, ähnlich wie bei Ratzingers Widerstand gegen mehr Barmherzigkeit für wiederverheiratete Geschiedene: Das Zeugnis für den unbedingten Wert menschlichen Lebens werde verwässert, wenn eine Schwangere mit dem Beratungsnachweis der Kirche in der Abtreibungsklinik einpassiere.

Deutsche Bischöfe wie Lehmann, Saier, Manfred Müller (Regensburg) wollten den Frauen die kirchlichen Beratungsmöglichkeiten erhalten und verwiesen auf die 5 000 geretteten Leben; Amtsbrüder wie Meisner (Köln) oder Dyba (Fulda) votierten für die reinen Hände: kein Beratungsschein, keine Mitschuld. Ratzinger zog den Streitfall an sich, für den eigentlich der päpstliche „Außenpolitiker“, Kardinalstaatssekretär Angelo Sodano, zuständig gewesen

Heimatverbunden: In Pentling bei Regensburg verbrachte der Präfekt der Glaubenskongregation regelmäßig den Sommerurlaub; Feuerwehrkommandant Hans Hopfensperger ministrierte beim Frühgottesdienst, und der Herr Kardinal segnete dafür das neue Feuerwehrauto.

wäre, der angeblich für den Verbleib im Beratungssystem war. Nach jahrelangem Tauziehen setzten sich der Papst und Ratzinger durch, die deutsche Kirche stieg aus der staatlichen Schwangerenberatung aus.

„Szenen keiner Ehe", kommentierte der Feuilletonjournalist Alexander Kissler sarkastisch den Dauerzwist der deutschen Katholiken mit dem Chef der römischen Glaubensbehörde. In seine bayerische Heimat flog der volksverbundene Kardinal regelmäßig, um Wallfahrtsgottesdienste zu feiern, Feuerwehrautos einzuweihen und sogar bei Firmungen auszuhelfen, wenn der zuständige Bischof gerade wenig

Zeit hatte. Den großen bundesdeutschen Kirchentreffen jedoch blieb er demonstrativ fern – um nachher ätzende Kritik zu üben wie 2003 am Ökumenischen Kirchentag in Berlin: Als Ratzinger eine „Konturlosigkeit“ des Programms beklagte und den Teilnehmern ein „Sich-selber-Feiern und -Genießen“ vorwarf, platzte seinem Kollegen im Kardinalspurpur Karl Lehmann der Kragen: Die Einwände seien „unangemessen und in gewisser Weise auch verletzend“.

Unmittelbar nach Ratzingers Wahl zum Papst sollte es allerdings Lehmann sein, der für ein differenziertes Bild des Wahlrömers warb: Der als Buhmann und Scharfmacher abqualifizierte Chef der Glaubenskongregation habe in nicht wenigen Fällen wohl auch die Redefreiheit von Theologen geschützt, restriktive Maßnahmen verhindert und einen Interessenausgleich ermöglicht. Plötzlich erinnerte man sich an eigenartige Stilbrüche in vatikanischen Dokumenten: Moderaten Analysen (stammten sie von Ratzinger?) folgten unvermittelt schroffe Verurteilungen im Holzhammerstil.

Von „Machtverlust“, aber auch von einem „Bekehrungserlebnis“ war die Rede, als Kardinal Ratzinger im Jahr 2000 beim großen Schuldbekenntnis im Petersdom feierlich um Vergebung für die historischen Sünden seiner Behörde bat; eine bewegende Geste, typisch für den Papst aus Polen. Ratzinger, so war zu hören, hatte sie für unnötig und missverständlich gehalten, musste sich fügen – und wurde zwei Jahre später als Kardinaldekan mit neuer Machtfülle ausgestattet.

Da war in der öffentlichen Wahrnehmung des Präfekten bereits ein bemerkenswerter Umschwung erfolgt: Peter Seewalds Interviewbände hatten plötzlich den Blick auf einen ganz anderen Ratzinger freigegeben, nachdenklich, selbstkritisch, überhaupt nicht verschlossen, humorvoll, behutsam im Urteil. Urplötzlich war eine Nachfrage nach Ratzinger-Büchern da. In der intellektuellen Landschaft galt der

Denker aus Rom ohnehin als begehrter Gesprächspartner. Bei einem Symposion über das „Ende der Zeit“ in Ahaus kam es zur spektakulären Versöhnung mit dem einstigen Gegner Johann Baptist Metz. Und die Académie des Sciences Morales et Politiques am Institut de France hatte ihn 1992 in ihre Reihen gewählt, als ersten Kirchenfürsten seit Richelieu.

6

Plötzlich Papst: Visionen und Ängste

„Ich habe zum Herrn gesagt:
Tu mir dies nicht an!
Aber er hat mir nicht zugehört“

Noch eine Woche vor dem Konklave 2005 hatte keiner der „Vaticanisti“, die in Rom das Gras wachsen hören, den 77-jährigen bisherigen Präfekten der Kongregation für die Glaubenslehre auf der Liste möglicher Papstnachfolger. Er war viel zu alt. Er war ein Deutscher – und für viele seiner Kardinalskollegen damit automatisch ein Besserwisser aus dem Land der Reformation und der ständigen Reformforderungen. Er repräsentierte andererseits allein wegen seines Amtes im Vatikan den stockkonservativen Flügel des Wahlgremiums, aber das ist eben doch nur ein Flügel, wenn auch ein starker. Und er war, wie man wusste, schon lange amtsmüde und sehnte sich nach einem beschaulichen Pensionistendasein an der Seite seines Bruders, mit seinen Büchern und dem Piano.

Doch dann setzten ihn die cleveren Buchmacher, die in London Wetten auf den nächsten Papst annahmen, plötzlich weit oben auf ihre Tabellen, sprachen unisono von einem Block von 50 Stimmen (von insgesamt 114), die er schon sicher habe. Was war geschehen?

Beim Requiem für Johannes Paul II. am 8. April 2005 auf dem Petersplatz, als 300 000 Menschen außer Rand und Band gerieten und in Sprechchören „Santo subito!“ riefen,

„Seine liebe Seele": Beim Requiem für Papst Johannes Paul II. auf dem Petersplatz überraschte Kardinal Ratzinger mit schlichter Herzlichkeit.

„Sprecht ihn sofort heilig!", da hatte man schon einen völlig verwandelten Kurienbeamten Joseph Ratzinger erlebt, einen, der sich mit einer schlichten Hommage an die Vaterfigur Karol Woityła in alle Herzen stahl. Mit einer liebevollen Geste wies er hinauf zum Fenster des Apostolischen Palastes, wo der Todkranke noch wenige Tage zuvor seinen letzten Segen erteilt hatte, obwohl er nicht mehr sprechen konnte, und zog Vergleiche zum Himmel: „Wir können sicher sein, dass unser geliebter Papst jetzt am Fenster des Hauses des Vaters steht, uns sieht und uns segnet. Ja, segne uns, Heiliger Vater. Wir vertrauen deine liebe Seele der Mutter Gottes, deiner Mutter, an."

Zehn Tage darauf, gerade war er 78 geworden, führte er als Kardinaldekan seine purpurtragenden Kollegen in das Konklave und war für Augenblicke wieder ganz der alte kompromisslose Kämpfer gegen alle Zugeständnisse an den Zeitgeist. Christi Barmherzigkeit dürfe nicht als „Banalisierung des Bösen“ missverstanden werden, warnte er und beklagte eine „Diktatur des Relativismus, die nichts als endgültig anerkennt und als letztes Maß nur das eigene Ich und seine Gelüste gelten lässt“. Knapp 26 Stunden später, am 19. April, erschien auf der Loggia des Petersdoms dann zum ersten Mal ein Joseph Ratzinger, wie ihn bisher keiner gekannt hatte: ein jungenhaft lachender, schier ausgelassen auf den Fersen wippender Mensch, noch etwas linkisch in seinen Bewegungen, aber von ansteckender Fröhlichkeit. Keine Spur mehr von spröder Würde. „Sono emozionatissimo – ich bin zutiefst bewegt“, raunte er den Leuten zu, als er beim Umzug in den Apostolischen Palast – mit spärlichem Mobiliar, zahllosen Bücherkisten und einem Klavier – ein paar Schritte über den Petersplatz machte und krähende Kinder zum Segnen entgegengehalten bekam.

Ein Wunder? Nein, ein Erfolg der Ratzinger eigenen Disziplin. Bisher war er Wächter und Aufpasser gewesen, jetzt hatte er eine neue Aufgabe, der er sich in Demut unterzog: Hirte sein, Identifikationsfigur und spiritueller Motor für damals noch 1,1 Milliarden Katholiken (und einige andere mehr, die fasziniert zuschauen, wenn der römische Katholizismus Glauben inszeniert). Bei seiner Amtseinführung – wieder waren 350 000 Menschen nach Rom geströmt – entzückte er seine Zuhörer mit dem Versprechen, „nicht meine Ideen durchzusetzen, sondern gemeinsam mit der ganzen Kirche auf Wort und Wille des Herrn zu lauschen und mich von ihm führen zu lassen“. Christen dürften sich von Christus tragen lassen, aber sie seien auch aufgefordert, einander zu tragen und einander zu beweisen: „Jeder von uns ist Frucht eines Gedankens Gottes. Jeder ist gewollt, jeder ist geliebt, jeder ist gebraucht. Es gibt nichts Schöneres, als vom Evangelium, von Christus gefunden zu werden. Es gibt nichts Schöneres, als ihn zu kennen und anderen die Freundschaft mit ihm zu schenken.“

Bisher hatten sie seinen Kopf bewundert, die Klarheit seiner Gedanken und die Stärke seiner Argumente – auch viele von denen, die ihm darin nicht folgen wollten oder seine Kirchenpolitik für eine Katastrophe hielten. Jetzt begannen sie sein Herz zu lieben. In atemberaubender Geschwindigkeit vollzog sich die Metamorphose des „Großinquisitors“, des „eisernen Kardinals“ in Papa Benedetto. Täglich wirkte er entspannter und befreiter. Der Alpdruck eines Amtes schien von ihm abgefallen, das mit der Mensch gewordenen Liebe Gottes zu tun hatte, mit der Treue der Kirche zum Evangelium, mit der Bindung aller theologischen Gedankengebäude und frommen Praktiken an den Ursprung Christus – das den Amtsinhaber aber zwangsläufig in Versuchung brachte, hart und unversöhnlich zu agieren.

Angstwahl oder Befreiungsschlag?

Warum haben sie ihn gewählt, angeblich 110 seiner 114 in der Sixtinischen Kapelle versammelten Kollegen, in einem der kürzesten Konklaven der Kirchengeschichte? Standen sie noch so unter dem Bann seines monumentalen Vorgängers, dass sie dessen engsten Mitarbeiter als Reinkarnation Karols des Großen auf den Stuhl Petri setzten? Oder wollten sie im Gegenteil eine Verschnaufpause, eine Ruhephase nach dem 27 Jahre regierenden dominanten Übervater?

Erinnerungen wurden wach an das Jahr 1958, als man nach dem autoritären, wie ein Erzengel auftretenden Papstkönig Pius XII. den gemütlich wirkenden Bauernsohn Angelo Roncalli aus der Lombardei wählte, der damals auch bereits 77 war, ein Jahr jünger als Ratzinger bei seiner Kür. Roncalli, der als „Übergangspapst“ eingeplant war und dann als Johannes XXIII. in viereinhalb Regierungsjahren mit ein paar Gesten und kühnen Ideen –

Die Überraschung: Am 19. April 2005 wird Joseph Ratzinger zum Papst gewählt – als erster Deutscher seit Luthers Reformation.

und mit unbefangenem Gottvertrauen – das Gesicht der Kirche veränderte.

Mochten die fast durchweg von Johannes Paul II. ernannten Kardinäle kein Risiko eingehen? Wählten sie lieber den berechenbaren Senior, der in jeder Situation das Richtige sagen und tun würde (wer hätte dem erfahrenen Kurienbeamten Ratzinger eine Panne zugetraut?), statt einen publikumswirksamen, aber unkalkulierbaren Neuanfang mit einem jüngeren Gesicht aus der „Dritten Welt" zu wagen? War es eine Angstwahl, wie enttäuschte Kommentatoren meinten? Die klassische Entscheidung verunsicherter, ratloser, vielleicht auch trotziger alter Männer?

Oder war es ein Befreiungsschlag? Suchte man angesichts des völlig offenen Rennens und der Zersplitterung in Fraktionen lieber gleich denjenigen aus, der über den Parteien stand, keine Hausmacht nötig hatte und zudem längst als

Italiener galt? Im ersten Wahlgang soll der weltläufige frühere Erzbischof von Mailand, Carlo Maria Martini, Autor spiritueller Bestseller und Gesprächspartner von Umberto Eco, der Kandidat aller „liberal" empfindenden Kardinäle und Katholiken, mehr Stimmen als Ratzinger bekommen haben, aber er war ebenso alt wie er und litt bereits an Parkinson wie der Wojtyła-Papst. 2012 ist er gestorben. Im dritten Wahlgang hat es angeblich eine Gegenkandidatur des Kardinals Jorge Mario Bergoglio von Buenos Aires, Jesuit wie Martini und Sprecher einer „Kirche der Armen", gegeben (er wurde dann 2013 Ratzingers Nachfolger). Aber die erzkonservative Fraktion der Lateinamerikaner um die Kardinäle Medina Estevez (Chile) und Trujillo (Kolumbien) habe Ratzinger unterstützt. Alles Spekulationen.

Spekuliert hatte man auch über den Namen des nächsten Papstes. Er würde sich wohl „Johannes Paul III." nennen, aus Respekt vor dem Vorgänger. Als Ratzinger dann Benedikt heißen wollte – was in der italienischen Fassung lyrisch klingt und sich von jubelnden Massen wunderschön skandieren lässt: „Be-ne-det-to!" –, erklärte man sich das zunächst mit seiner bayerischen Heimat, wo es viele Benediktinerklöster und eine reiche Ordenstradition gibt.

Kluge Kommentatoren erinnerten sich freilich schnell an die Bedeutung des Ordensgründers Benedikt von Nursia für die Christianisierung des Abendlandes und interpretierten die Namenswahl als Richtungsentscheidung: Es gehe den Römern wohl noch einmal um den schleichenden Glaubensverlust in Europa und noch nicht so sehr um die spirituellen Aufbrüche in Lateinamerika, Afrika und Asien. Auch der letzte Benedikt-Papst schien ein guter Namensgeber zu sein: Benedikt XV. (1914–1922), der im Ersten Weltkrieg eine intelligente, wenn auch erfolglose Friedenspolitik gemacht hatte. Die vatikanische Diplomatie versuchte den gegnerischen Parteien auf erfinderische Weise goldene Brücken zum Ausgleich zu bauen; Benedikt verlangte allerdings auch die gegenseitige Rückgabe besetzter Gebiete und die Anerkennung eines internationalen Schiedsgerichts, das für Abrüstung sorgen sollte. Was ihm natürlich alle Seiten übel nahmen.

Kaum einer dachte bei der unerwarteten Namenswahl an „Papa Lambertini", wie man ihn in zärtlicher Bewunderung nannte, Benedikt XIV., mit bürgerlichem Namen Prosper Lambertini aus Bologna, den die Kardinäle 1740 nach mehr als sechs Monaten Konklave gewählt hatten. Dieser Benedikt machte Rom in 18 Jahren Amtszeit zu einem weit ausstrahlenden geistigen Zentrum, gründete vier Akademien, förderte die Universitäten, richtete chemische und physikalische Laboratorien ein, holte die ersten beiden Professorinnen in seine Heimatstadt Bologna.

Er korrespondierte mit Voltaire, lockerte die Zensur, stand aber den Jesuiten misstrauisch gegenüber und verbot die der fremden Kultur angepassten Riten in China und Indien, wodurch die Missionsarbeit in Asien viel an Glaubwürdigkeit verlor. Dafür schützte er die kleinen Leute in seinem Einflussbereich tatkräftig vor Großgrundbesitzern und Spekulanten, plauderte mit den Menschen auf den Straßen und bewies viel Humor: Als ihm ein mäßig talentierter Dichter ein Spottgedicht schickte, sandte er ihm seine miserablen Verse korrigiert zurück und wünschte guten Absatz.

Wie er die Menschen zu bezaubern vermochte

„Wir haben der Liebe geglaubt", so beginnt die Antrittsenzyklika Benedikts XVI., auf die man ein halbes Jahr lang gewartet hatte wie auf das Regierungsprogramm eines frisch gewählten Kabinettschefs. „Am Anfang des Christseins steht nicht ein ethischer Entschluss oder eine große Idee, sondern die Begegnung mit einem Ereignis, mit einer

Person, die unserem Leben einen neuen Horizont und damit seine entscheidende Richtung gibt."

Eine Enzyklika *für* die Liebe hat er geschrieben – keine *gegen* schwule Lebensgemeinschaften oder feministische Theologinnen. Der alte Herr im Vatikan lieferte eine erstaunlich unverkrampfte Auseinandersetzung mit Gottsuche und erotischen Bedürfnissen, Sehnsucht und Bindungsscheu und personaler Würde; sogar der „Spiegel" nannte das Rundschreiben „ein Hohelied der Liebe, wie es einfacher und radikaler nicht geht (...). Dogmatisch, aber nicht körperfeindlich."

Körper und Seele, Materie und Geist, Lust und Verzicht, erotischer Rausch und fromme Hingabe – in der Geschichte des Christentums ist das stets ein schwieriges, spannungsvolles Verhältnis gewesen. Aber gar kein so einseitiges, wie man meinen mag. Die Christenheit kannte immer beide Traditionsstränge: In der Klerikerliteratur des Mittelalters, die irdischen Freuden zwangsläufig mit Skepsis begegnet, richten Adam und Eva vor ihrer körperlichen Vereinigung die artige Bitte an Gott, er möge zum Schutz ihres Schamgefühls pechschwarze Nacht hereinbrechen lassen. Doch dieselben Mönche übertragen in ihren Schreibstuben getreulich die prallen erotischen Szenarien der hebräischen Bibel in zauberhaft illustrierte Handschriften. „Komm, mein Geliebter, wandern wir hinaus auf das Land", fordert eine temperamentvolle Schöne im Hohelied ihren Auserkorenen auf, mit dem sie offensichtlich nicht verheiratet ist, „dort schenke ich dir meine Liebe". Vermeintlich knochentrockene christliche Theologen wussten sehr gut: In der leider vom Satan benutzten, aber von Gott geschenkten Sexualität steckt eine Kraft, die Menschen über sich hinaus führt, die dazu drängt, die Fixierung auf das eigene Selbst aufzugeben, die den Himmel öffnet. Religion und Erotik als Schwestern.

Ja, Liebe sei Ekstase, stimmt Papst Ratzinger zu, „aber Ekstase nicht im Sinn des rauschhaften Augenblicks, sondern Ekstase als ständiger Weg aus dem in sich verschlossenen Ich zur Freigabe des Ich, zur Hingabe und so gerade zur Selbstfindung, ja zur Findung Gottes". Ängstliches Gettodenken hat so gern zwischen tugendhafter, religiös verankerter, schenkender „Agape" und triebhaft-begehrendem, griechisch-heidnischem „Eros" unterschieden. Nicht so der Papst: „In Wirklichkeit lassen sich Eros und Agape (...) niemals ganz voneinander trennen. (...) Wenn Eros zunächst vor allem verlangend, aufsteigend ist – Faszination durch die große Verheißung des Glücks –, so wird er im Zugehen auf den anderen immer weniger nach sich selber fragen, immer mehr das Glück des anderen wollen, immer mehr sich um ihn sorgen, sich schenken, für ihn da sein wollen."

Natürlich redet der Papst auch von Reifungsprozessen und der nötigen Verbindung von Erotik und Verantwortung, natürlich warnt er davor, erotische Bedürfnisse zur Ware zu machen, aber er spricht eher wie ein Therapeut als wie ein finsterer Bußprediger. Und erkennt hingerissen an, dass erotische Liebe „etwas vom Geschmack des Göttlichen spüren lässt (...). Sie verheißt Unendlichkeit, Ewigkeit – das Größere und ganz andere gegenüber dem Alltag unseres Daseins."

Der Therapeut verleugnet nicht seinen theologischen Background. Den jüdisch-christlichen Gott hat Ratzinger in zahllosen Reden und Büchern von unverbindlicher esoterischer Symbolik und kühlen philosophischen Konstrukten abgegrenzt. Gott ist nicht ein unbewegter Beweger wie bei Aristoteles, der seine Schöpfung amüsiert aus der Ferne betrachtet, sondern ein engagierter Freund und glühender Liebhaber der Menschen. Benedikt zitiert die Propheten Hosea und Ezechiel, die dieses Verhältnis mit den Bildern von Verliebtheit, Ehe und Hurerei – weil die Menschen den Bund mit Gott ständig brechen – illustrieren.

Mal redet der Philosophenpapst wie ein Poet, mal wie ein Mystiker. Von Vergil springt er zu Platon und Augustinus, von Dante zu Nietzsche und Marx. Und schreibt den Propagandisten frommer Innerlichkeit ins Stammbuch, die Liebe müsse konkrete Gestalt in der gesellschaftlichen Wirklichkeit annehmen. Denn an der Liebe, die sie in eine oft brutale, zynische Welt zu bringen vermögen, würden die Christen gemessen. Ein wenig altmodisch, vielleicht auch nur realistisch, pocht Benedikt auf den Wert karitativer Soforthilfe, als befände er sich immer noch im Duell mit der stark politisch denkenden Befreiungstheologie. Sein Fall ist nicht der revolutionäre Aktivismus, der heute über Leichen geht, um morgen das Paradies zu errichten, sondern das „sehende Herz", das spontane Zupacken – und eine Hilfe, die in die Tiefe geht und die Herzen verwandelt.

Das schrecklich langweilige ewige Leben

Fast noch näher an die Fragen, Sorgen und Ängste heutiger Menschen kam er mit seiner nächsten Enzyklika zwei Jahre später heran, der angeblich so weltfremde Gelehrte hinter den vatikanischen Mauern. Unter dem Titel „Spe salvi – Auf Hoffnung hin gerettet" setzt er sich mit Augustinus, Kant, Marx, Horkheimer, Adorno und Dostojewskij auseinander, erläutert er, warum „Jesus nicht Spartakus war" oder was die biblischen Bilder vom Jüngsten Gericht mit dem Schrei der Menschen nach Gerechtigkeit zu tun haben. Und er nimmt sie tatsächlich ernst, die moderne Skepsis gegenüber der Verheißung einer jenseitigen Existenz, die man sich in der Regel ziemlich langweilig und auf die Dauer unerträglich vorstellt: „Wollen wir das eigentlich – ewig leben? (…) Ewig – endlos – weiterzuleben scheint eher Verdammnis als ein Geschenk zu sein."

Richtig, sagt Benedikt, der Versuch, dem „unbekannt Bekannten", worauf wir hoffen und wovor wir Angst haben, einen Namen zu geben, muss irritieren. Aber gibt es nicht die Ahnung eines Lebens, das einfach nur Glück ist? „Es gibt Augenblicke, in denen wir plötzlich spüren: Ja, das wäre es eigentlich – das wahre ‚Leben' –, so müsste es sein." Benedikt lädt dazu ein, einmal über die Zeitdimensionen, in denen wir gefangen sind, hinauszudenken und sich vorzustellen, „dass Ewigkeit nicht eine immer weitergehende Abfolge von Kalendertagen ist, sondern etwas wie der erfüllte Augenblick, in dem uns das Ganze umfängt und wir das Ganze umfangen. Es wäre der Augenblick des Eintauchens in den Ozean der unendlichen Liebe, in dem es keine Zeit, kein Vor- und Nachher mehr gibt. Wir können nur versuchen zu denken, dass dieser Augenblick das Leben im vollen Sinn ist, immer neues Eintauchen in die Weite des Seins, indem wir einfach von der Freude überwältigt werden." Wenn christlicher Glaube einmal nicht mehr als überholte, längst beiseitegelegte Information wahrgenommen werde, sondern als eine das Leben tragende, die Welt verändernde Hoffnung, dann sei die „dunkle Tür der Zukunft" aufgesprengt und die Gegenwart bekomme ein ganz anderes Gesicht: „Ich bin definitiv geliebt, und was immer mir geschieht – ich werde von dieser Liebe erwartet. Und so ist mein Leben gut."

Was keineswegs nur privaten Trost für die Seele bedeutet, wie es der Mainstream gern hätte: Denn weder die stolze Naturwissenschaft noch das marxistische Credo, der Mensch werde durch die Enteignung der Ausbeuter ganz von selbst heil, „weil allen alles gehört und alle einander das Beste wollen", haben die Welt in ein Paradies verwandelt. Was sei ein Fortschritt wert, der laut Theodor W. Adorno nur den „Fortschritt von der Steinschleuder zur Megabombe" bedeute? „Ist die Vernunft des Könnens und des Machens schon die ganze Vernunft? (…) Sie wird menschlich nur, wenn sie dem Willen den Weg zeigen kann, und das kann sie bloß, wenn sie über sich hinaussieht."

Hoffnung, die Welt und Gesellschaft tatsächlich verändern kann, kommt laut Benedikt aus der Erfahrung unbedingter Liebe, aus der Begegnung mit einem Gott, der ein menschliches Gesicht besitzt und jeden Menschen geliebt hat bis zum Ende. „Seine Liebe allein gibt uns die Möglichkeit, in aller Nüchternheit immer wieder in einer ihrem Wesen nach unvollkommenen Welt standzuhalten, ohne den Elan der Hoffnung zu verlieren."

Gerechtigkeit für die Opfer der Geschichte

Nobel nennt Papst Ratzinger den neuzeitlichen Atheismus einen „Moralismus", der Gott das Leid der Unschuldigen und den Zynismus der irdischen Machthaber verübelt und glaubt, dann eben ohne Gott Gerechtigkeit schaffen zu müssen. Aber haben Philosophen wie Adorno oder Horkheimer und „politische" Theologen wie Johann Baptist Metz nicht letztlich immer eine Gerechtigkeit ersehnt, die nicht nur gegenwärtiges Leid beseitigt, sondern auch all den toten Gerechtigkeitskämpfern und Opfern der Geschichte ihr Recht zurückgibt und ihr Glück verschafft? Was letztlich nicht geht ohne ein „Jüngstes Gericht" und eine Auferweckung der Toten. „Ja, es gibt die Auferstehung des Fleisches", behauptet da der leise Rebell auf dem Stuhl des Petrus, jenes Apostels, der ebenfalls ein Opfer irdischer Gewaltherrschaft war und für seine Überzeugung gekreuzigt wurde – angeblich mit dem Kopf nach unten, weil er nicht sterben wollte wie sein Freund Jesus, den er verraten hatte. „Es gibt Gerechtigkeit. Es gibt den ‚Widerruf' des vergangenen Leidens, die Gutmachung, die das Recht herstellt." Wer hätte das gedacht, dass Papst Ratzinger diese hochpolitische Hoffnungsbotschaft ausgerechnet mit dem lange schon ausgedienten frühjüdischen und altkirchlichen Bild vom Reinigungsfeuer illustrieren könnte!

Denn dieses „verbrennende und zugleich rettende Feuer“ könne man sich als Christus vorstellen, als den Leidenden, in dem Gott sein Gesicht zeigt und alle Verlorenheit der Welt mitträgt: „Das Begegnen mit ihm ist der entscheidende Akt des Gerichts. Vor seinem Anblick schmilzt alle Unwahrheit. Die Begegnung mit ihm ist es, die uns umbrennt und freibrennt zum Eigentlichen unserer selbst. Unsere Lebensbauten können sich dabei als leeres Stroh, als bloße Großtuerei erweisen und zusammenfallen. Aber in dem Schmerz dieser Begegnung, in der uns das Unreine und Kranke unseres Daseins offenbar wird, ist Rettung. (…) Im Augenblick des Gerichts erfahren und empfangen wir dieses Übergewicht seiner Liebe über alles Böse in der Welt und in uns.“

Da kennt ein Hirte den Weg durch die finstere Schlucht, wie es in den Psalmen heißt, und erzählt leise tröstend davon. O ja, das Pontifikat des offenbar gar nicht so kühlen und verkopften „Intellektuellenpapstes“ hätte zu einem Signal des spirituellen Aufbruchs für die Christenheit geraten können: vor allen moralischen Forderungen das Vertrauen auf einen bedingungslos guten Gott. Über allem kirchlichen Gesetz die Liebe, die verstehende, verzeihende Liebe. Lange vor jeder Abgrenzung und jedem distanzierenden Urteil die offenen Arme und die ausgestreckte Hand. Hinter allen Debatten mit einer gottesmüden, glaubensresistenten Menschheit die unbeirrte Hoffnung, dass Gott keine Mauern braucht – und wir auch nicht.

Es wäre möglich gewesen – hätte die Welt diese bezaubernden Enzykliken gelesen und nicht nur die Schlagzeilen, für die mancher schiefe Nebensatz in einer danebengegangenen Ansprache sorgte. Hätte der Vatikan endlich wenigstens die Anfänge von zeitgenössischem Medienmanagement und Kommunikationsgeschick geschafft. Hätte sich der einsam entscheidende, sogar engen Mitarbeitern misstrauende Papst öfter und besser beraten lassen.

Hätte, hätte! Kann ein Global Player wie die katholische Kirche, kann ein aus der Zeit gefallenes Fossil wie der Vatikan mit seinen vormodernen Strukturen überhaupt ohne Pannen funktionieren? Würden römische Enzykliken gelesen und diskutiert, selbst wenn es Missbrauchsskandal und Vatileaks niemals gegeben hätte?

Zu scheu für die große Pose

Die Geschichte ist ungerecht. Papst Woityła, der Charismatiker mit seiner unverschämt starken Präsenz auf öffentlicher Bühne, veröffentlichte 14 Enzykliken und hielt durchschnittlich 746 Reden pro Jahr, bis zu fünf Dutzend auf manchen seiner insgesamt 104 Seelsorgsreisen. In 27 Jahren Amtszeit legte er dabei mehr als 1,2 Millionen Kilometer zurück, was fast 30-mal dem Erdumfang entspricht oder drei Flügen zum Mond. Aber fast alle Ansprachen, Predigten und Dokumente sind vergessen – bis auf ein paar Sätze, die er anfangs mit einer Posaunenstimme in die Mikrofone rief und am Schluss, von der Krankheit gezeichnet, nur noch krächzte und flüsterte: Habt keine Angst! Öffnet, ja reißt die Tore weit auf für Christus! Man kann nicht nur auf Probe leben, auf Probe lieben, auf Probe und Zeit einen Menschen annehmen! Ihr Juden seid unsere älteren Brüder!

Doch bei Johannes Paul II. waren die Worte nicht so wichtig. Er, der gelernte Schauspieler, der als Student auf der Bühne eines Krakauer Avantgarde-Theaters gestanden war, als Hauptdarsteller, Bühnenbildner und Regieassistent, blieb mit seinen Gesten und Inszenierungen in Erinnerung. Der vitale Neugewählte beim Skifahren – im Zickzackkurs – im Aostatal. Der gealterte, an den Folgen des Attentats leidende Pontifex, der mit dem Gehstock die Sprechchöre jugendlicher Fans dirigiert und ein bisschen nonchalant und selbstironisch wirkt wie Charlie Chaplin. Der Todkranke, der sich drei Tage vor dem Sterben noch einmal am Fenster über dem Petersplatz zeigt und seinen Zorn darüber nicht verbirgt, dass ihm das Sprechen nicht mehr gelingt.

Sein Nachfolger Benedikt war viel zu scheu und introvertiert, als dass er sich je auf Theaterbretter gewagt hätte – und zu dezent, bisweilen auch zu ungeschickt für die großen Posen und Bilder. Dafür konnte er mit dem Wort umgehen wie kein Zweiter. Aber das schien nicht so interessant. Bei seiner letzten Christmette 2012 im Petersdom schenkt er der Welt einen tiefen Predigttext mit all den vom Philosophenpapst gewohnten Essentials. Er nimmt Sehnsüchte und Glaubensprobleme seiner Zeitgenossen auf, macht sich die Kritik am Missbrauch der Religion zu eigen, meditiert auf spannende Weise über die Hirtengeschichte – und schaut die Menschen, die er erreichen will, kein einziges Mal an. Der nach unten gesunkene Kopf bewegt sich nicht, die Augen, hinter der Brillenfassung verborgen, fixieren leicht von der Seite her das Manuskript, das er mit monotoner Stimme abliest, ohne einmal eine Pause zu machen oder eine persönliche Anrede einzuflechten, und der ganze Auftritt bekommt so unmerklich ein unpersönliches, distanziertes Gesicht. Sogar beim Schlusssegen schaut er unentwegt in das liturgische Buch, das man ihm hinhält, als fürchte er, der geniale Kopf, den tausendmal gesprochenen Text zu vergessen …

Ein einziges Mal ändert sich diese Pose während des Gottesdienstes, als Menschen aus allen Nationen ihre Gaben bringen: Benedikt sieht ihnen aufmerksam ins Gesicht, fast hat man den Eindruck, er sieht ihnen ins Herz. Er lässt sich Zeit dabei, der Kontakt scheint konzentrierter, intensiver, als es beim oft mystisch versunkenen und dann wieder ungeduldig dynamischen Vorgänger der Fall war.

„Die Hirten eilten", gab Papst Benedikt in dieser seiner letzten Christmette im Petersdom zu bedenken. „Heilige Neugier und heilige Freude trieb sie. Bei uns kommt es wohl sehr selten vor, dass wir für die Dinge Gottes eilen. Gott gehört heute nicht mehr zu den eilbedürftigen Wirklichkeiten. Die Dinge Gottes haben Zeit, so sagen wir."

Bücher schreiben wie ein Rabbiner

Neugier beflügelte ihn und Freude erfüllte ihn, wenn er in den Ruhepausen während der Amtsgeschäfte und im Sommerurlaub an seinen drei Bänden „Jesus von Nazareth" schrieb. „Gegrüßt seist du, Maria", so übersetzt man hierzulande gern die Anrede des Engels, der Mirjam in Nazareth verkündet, sie werde Jeschua gebären, den Messias Israels und Retter der Welt. Das griechische Wort „chaîre" habe aber ursprünglich eine andere Bedeutungsnuance, erläutert Ratzinger-Benedikt: „Freue dich! Mit diesem Zuruf des Engels – so dürfen wir sagen – beginnt im eigentlichen Sinn das Neue Testament."

Freude, Vertrauen, Unbefangenheit, eine gelassene, zuversichtliche Grundstimmung durchziehen diese Trilogie, die sich Ratzinger seit Jahrzehnten vorgenommen und die er kurz vor seiner Wahl zum Papst begonnen hatte. Er ließ sie sich auch nicht von den Kritikern ausreden, die ihn ziemlich unverhohlen aufforderten, er solle das Bücherschreiben lassen und lieber in seinem Chaosladen für Ordnung sorgen. Als er den dritten, verhältnismäßig schmalen Band vollendet hatte, sah er auch das Papstwerk als getan an und begann seinen Rücktritt vorzubereiten.

Es ging ihm um die „innere Freundschaft mit Jesus, auf die doch alles ankommt". Und um eine historische Suche, welche die Brücke zur Gegenwart schlagen sollte: „Aber es reicht nicht aus, den Text in der Vergangenheit zu belassen und ihn so im Gewesenen abzulegen. Die (...) Frage des rechten Auslegers muss lauten: Ist das Gesagte wahr? Geht es mich an?"

Drei Bände „Jesus von Nazareth": Die Lust am Bücherschreiben ließ er sich auch als Papst nicht nehmen.

Benedikt wollte weder die bisweilen aufregenden Biografien der Leben-Jesu-Forscher der letzten hundert Jahre toppen noch eine zwar vom Privatmann Ratzinger geschriebene, aber irgendwie doch päpstliche Autorität beanspruchende dogmatische Christologie vorlegen. Meditativ, im ständigen Dialog mit dem Text, „midraschartig" – so nannte es ein sachkundiger Alttestamentler – wie ein Rabbiner nach dem tieferen Sinn der Bibelworte suchend und sie mit den Fragen der Gegenwart konfrontierend, bemüht sich Ratzinger, dem theologischen Geheimnis des Schicksals Jesu auf die Spur zu kommen. Seine Jesus-Trilogie ist eine didaktisch gelungene Katechese, eine manchmal sehr poetische Hymne, eine Einladung, über das Wunder zu staunen, dass Gott in Jesus ein menschliches Gesicht angenommen hat.

Der Papst, der so gern Professor geblieben wäre, will wie alle seine zeitgenössischen Kollegen dieses irdische Gesicht Gottes, den wirklichen Jesus wiederfinden. Im Gegensatz zu den meisten von ihnen – in beiden großen Konfessionen – traut er den Evangelien in den großen Linien, trotz mancher offener Fragen und Widersprüche. Er ist davon überzeugt, dass der Jesus der Evangelien der „historische Jesus" ist und der Gekreuzigte und Auferstandene, von dem Paulus und die ganz frühe Kirche sprechen, kein ideell überhöhtes Konstrukt. Im Gegenteil: „Eben dass in diesem Menschen Jesus – er ist ja ein wirklicher Mensch – mehr als ein Mensch da ist", will er zeigen. „Und dass nicht erst im Laufe von weitergehenden Mythisierungen sozusagen das Gottheitliche hinzugefügt worden ist. Nein, schon am Ursprung der Gestalt, in der ersten Überlieferung und Begegnung, erscheint etwas, was alle Erwartungen durchbricht."

Er agiert überraschend unbefangen. „Während die historisch-kritische Exegese, um die Glaubwürdigkeit des Evangeliums zu klären, traditionell mit einem gesicherten Minimalbestand geschichtlicher Fakten auszukommen trachtet, der über jeden vernünftigen Zweifel erhaben sein soll, geht Benedikt XVI. in die Vollen und riskiert die These, dass im Wesentlichen gerade die ausgesprochen theologische Darstellung Jesu in den Evangelien die historisch wahrscheinlichste ist." So das Urteil des Neutestamentlers Thomas Söding. Der Jesus der Evangelien, wie ihn bald darauf die Kirche verkündete, ist laut Benedikt historisch plausibler als spätere Rekonstruktionen und alle interessengeleiteten Jesusbilder vom Sozialrevolutionär bis zum sanften Moralapostel (wobei der Gelehrtenpapst natürlich auch sein Lieblingsbild hat, nämlich den weisen, schriftkundigen Lehrer seiner Jünger).

„Das Wirken anonymer Gemeindebildungen, deren Träger man ausfindig zu machen versuchte, erklärt in Wirklichkeit nichts", so argumentiert der Autor. „Wieso konnten unbekannte kollektive Größen so schöpferisch sein? So überzeugen und sich durchsetzen? Ist es nicht auch historisch viel logischer, dass das Große am Anfang steht und dass die Gestalt Jesu in der Tat alle verfügbaren Kategorien sprengte und sich nur vom Geheimnis Gottes her verstehen ließ?" Ratzinger-Benedikt versucht die historisch-kritische Exegese nicht abzuwerten, er lobt sie und bedient sich ihrer (soweit sie seine Thesen stützt, werfen ihm manche vor), aber er vergötzt sie nicht.

Er gesteht zu, dass es eine Entwicklung im Selbstverständnis Jesu gibt, aber er pocht darauf, dass jener sich durchaus als Sohn des himmlischen Vaters sah und ihm dieser Titel nicht erst von der nachösterlichen Gemeinde zuerkannt wurde. Ratzingers alter Regensburger Kollege Franz Mußner, als Neutestamentler ein Pionier des jüdisch-christlichen Gesprächs, pflichtet ihm bei: „Ohne den unerhörten Anspruch Jesu, wie er in allen vier Evangelien bezeugt wird, wäre der Prozess gegen Jesus, der ihm das Kreuz einbringt, nicht wirklich verständlich."

Steht es einem Papst, dem späten Nachfolger des so wankelmütigen, feigen, verzagten und Jesus dennoch so unbändig liebenden Fischers Petrus vom See Gennesaret, steht es einem Papst nicht gut an, wie jener alle Waffen menschlicher Skepsis zu strecken und in Demut zu bekennen: „Du bist Christus, der Sohn des lebendigen Gottes" (Mt 16,16)?

Christi Erlöserblut und ein lernender Papst

„Summus pontifex", freundlich übersetzt Chef-Brückenbauer, gehört zu den gravitätischen Papsttiteln aus alter Zeit. So gesehen, sind die drei Jesus-Bände eben doch typisch für die Schreibwerkstatt eines Papstes. Denn Benedikt schlägt permanent, unaufdringlich, aber mit Bedacht

Brücken: zu protestantischen Bibelwissenschaftlern, zu anderen akademischen Disziplinen, mit Vorliebe jedoch zum Judentum. Und wenn etwas von diesem Petrusnachfolger bleiben wird, dann dies.

Seit mittelalterliche Bildhauer die sieghaft-strahlende Kirche der gedemütigten Synagoge mit den verbundenen Augen gegenübergestellt haben, meinte die Christenheit den ersten, größeren Teil der Bibel verächtlich ignorieren oder listig vereinnahmen zu können. Das „Alte Testament" sollte nicht mehr den Juden gehören, sondern der Kirche, dem „neuen", „wahren" Israel, und wichtig schien an der hebräischen Bibel nur, was irgendwie auf Jesus (von dem man kaum mehr wusste, dass er Jude gewesen war, und zwar ein überaus gesetzestreuer) und seine Kirche vorauswies.

Erst im 20. Jahrhundert, eigentlich erst nach den Schrecken der Shoah, begann eine mutige Vorhut von Christen zu lernen, dass sie ihre eigene Religion erst dann voll verstehen und leben können, wenn sie deren jüdische Wurzeln kennen. Sie versuchen, die verlorengegangene Einheit der ganzen Bibel wiederzugewinnen und dem „Alten Testament" seine eigenständige Würde zurückzugeben. Statt der hebräischen Bibel bloß irgendwelche auf Jesus hindeutende Prophezeiungen zu entnehmen, beginnen sie ihr „Neues Testament" im Licht des „Alten" zu lesen.

Sie erinnern sich daran, wie eindringlich der Judenchrist Paulus seine Glaubensbrüder in Rom gewarnt hat, sich über die anderen Zweige des gemeinsamen Baumes zu erheben: „Nicht du trägst die Wurzel, sondern die Wurzel trägt dich" (Röm 11,18). Glaube an den einen, treuen, persönlichen Gott, Schöpfungstheologie, Respekt vor dem Menschen, dem Ebenbild Gottes, Hoffnung auf eine gute Zukunft, Verpflichtung zum Engagement für eine gerechte Welt, Hoffnung auch für die Toten, die nicht vergessen sind, sondern von Gott zum Leben auferweckt werden –

alles jüdisches Glaubenserbe, das die Christen nicht bedroht, sondern bereichert und befruchtet. Keine feindselige Konkurrenz, sondern gemeinsames Warten auf den großen Tag Gottes.

Sie begreifen, dass Gottes Bund mit Israel fortbesteht und dass Juden und Christen gemeinsam daran teilhaben. Sie beginnen für möglich zu halten, was Bibelwissenschaftler mit guten Argumenten zu belegen suchen: Ganz Israel wird am Ende der Zeiten gerettet werden, und zwar ohne vorausgehende Bekehrung, sondern durch den wiederkommenden Christus selbst.

Der junge Wissenschaftler Joseph Ratzinger hat sich neugierig und staunend in diese Schar der Lernenden eingereiht; der greise Papst lässt sich in seiner Jesus-Trilogie von seinem jüdischen Gewährsmann Jacob Neusner – er lehrte Geschichte und Theologie des Judentums am New Yorker Bard College – durch die Seligpreisungen führen und gesteht in Demut, von keinem anderen Ausleger der „Bergpredigt" mehr gelernt zu haben. Benedikts Gespräch mit dem Jesus der Evangelien lebt von der Einheit der Schrift Alten und Neuen Testaments, sein Jesusbild ist deutlich jüdisch grundiert, er ruft nicht zur Judenmission auf und überlässt es Gott, welche Pläne er mit seinem „Lieblingsvolk" haben mag.

In einem Kriegsverbrecherprozess 1958 fragte man einen katholischen Pfarrer aus Litauen, warum er zu den Massenerschießungen von Juden in seiner Gemeinde geschwiegen habe. Er antwortete ganz ernsthaft, damals vor Pilatus hätten die Juden doch selbst gerufen, Jesu Blut möge über sie und ihre Kinder kommen.

In der zeitgenössischen Christentumsgeschichte gibt es nur wenige Sterne, die eine solche Finsternis zu überstrahlen vermögen, aber es gibt sie: Einmal das Handeln jenes Pfarrers ebenfalls in Litauen, der 30 jüdische Kinder, deren Eltern man bereits erschossen hatte, in seiner Kirche versteckte. Als die von einem Denunzianten herbeigeholten Deutschen die Tür aufbrachen, stellte er sich ihnen in den Weg und schrie: „Wenn Sie die Kinder töten wollen, müssen Sie erst mich umbringen!“ Sie schossen mit ihren Maschinengewehren den Priester nieder und dann, über seine Leiche hinweg, alle 30 Kinder.

Zum andern das Bild von der Jahrtausendwende aus Jerusalem, das keiner je vergessen kann: Auf seinen Gehstock gestützt, mit vorsichtigen Schritten und in gebeugter Haltung, nähert sich der fast 80-jährige Papst Johannes Paul II. bei seinem Besuch im Jahr 2000 der Klagemauer. Behutsam berührt er die Steinwand, das Symbol jüdischer Schmerzen und Martyrien durch alle Jahrhunderte, lässt seine von der Parkinson-Krankheit zitternde Hand lange dort liegen, schiebt nach altem jüdischen Brauch einen Zettel in einen Mauerspalt und segnet die unbehauenen Steine mit einem zarten, nur angedeuteten Kreuzzeichen, um die Gefühle Andersgläubiger nicht zu verletzen. Auf dem Zettel steht eine schlichte Bitte, sie beginnt im klassischen Stil hebräischer Gebete und endet mit der Schlussformel römisch-katholischer Liturgie: „Gott unserer Väter, du hast Abraham und seine Nachkommen auserwählt, deinen Namen zu den Völkern zu tragen. Wir sind zutiefst betrübt über das Verhalten aller, die im Laufe der Geschichte deinen Kindern Leid zugefügt haben. Wir bitten um Vergebung und wollen uns bemühen, echte Brüderlichkeit mit dem Volk des Bundes aufzubauen. Darum bitten wir durch Christus, unseren Herrn.“

In Polen erinnerte man sich an die alte Geschichte von 1964, als Karol Woityła gerade Erzbischof von Krakau geworden war (in seiner Diözese liegt Auschwitz): Er zog seinen schönsten Ornat an, nahm den Bischofsstab in die Hand und führte sein Domkapitel in feierlicher Prozession zur Synagoge. Ein Höflichkeitsbesuch, der als Solidaritätsdemonstration verstanden wurde. Denn damals führte

Polens kommunistische Partei gerade eine bösartige Kampagne gegen die verschwindend kleine jüdische Minderheit im Land, um vom eigenen Versagen in der Regierung abzulenken.

Man erinnerte sich auch an Woityłas Verhalten als junger Pfarrer: Er weigerte sich, ein jüdisches Kind zu taufen, das den Holocaust in einer katholischen Familie überlebt hatte – aus Achtung vor den Eltern und ihrem Glauben. Man wusste in Polen, dass er viele jüdische Schulkameraden gehabt hatte und als junger Schauspieler im Untergrundtheater eine Freundin namens Ginka Beer, eine schöne Jüdin mit funkelnden schwarzen Augen.

Was kaum jemand wusste: Noch am 18. Januar 1945, als die SS-Bewacher das KZ Auschwitz verließen und die halb verhungerten Elendsgestalten in das Umland ausschwärmten, fand der damals 24-jährige Priesterseminarist ein elfjähriges Mädchen, dem Tod nahe, am Straßenrand. Woityła holte Tee und etwas zu essen. Dann trug er seinen Schützling kilometerweit zu einer Bahnstation, von wo aus sie andere Juden in Sicherheit brachten. Er sprach nie über diesen Vorfall. Doch als er im Heiligen Jahr 2000 die Holocaust-Gedenkstätte Yad Vashem in Jerusalem besuchte, stürzte die inzwischen 66-jährige Edith Tzirer, die er damals vor dem Sterben gerettet hatte, weinend auf ihn zu – und die israelische Presse hatte eine Sensation.

Der vorläufig letzte strahlende Stern ist Benedikts Bibelauslegung mit dem eindeutigen Resultat, dass die Kreuzigung des Juden Jesus keineswegs von seinem „Volk“ betrieben worden sei, sondern von einem Großteil der Jerusalemer Tempelaristokratie und von den lärmenden Anhängern des Aufrührers Barabbas – und dass das Blut des zu Tode geschundenen Jesus nicht nach Rache rufe, sondern nach Versöhnung und Erlösung: „Es wird nicht *gegen* jemanden vergossen, sondern es ist Blut, vergossen *für* viele, für alle. (...) Vom Glauben her gelesen heißt es, dass wir alle die reinigende Kraft der Liebe brauchen, die sein Blut ist. Es ist nicht Fluch, sondern Erlösung, Heil."

Christlicher Glaube könne jetzt nicht länger „Quelle des Hasses und der Schuldzuweisung" sein, bescheinigte Professor Neusner seinem Freund im Vatikan. „Dieser einfache Absatz mit all seiner Klarheit und seinem Blick auf die Wahrheit räumt die Gründe für jahrhundertelanges Leiden aus."

Rom und Jerusalem und die Sache mit dem Sühnetod

Als Papst Benedikt noch der kleine Joseph war, mag ihm sein Religionslehrer die Geschichte vom zornigen Jesus erzählt haben, wie er die Viehhändler und Geldwechsler aus dem Jerusalemer Tempel verjagt, in dem man sowieso nur einen sinnentleerten blutigen Opferkult betrieben habe und dessen Ende Gott sei Dank mit Jesu Tod und Auferstehung gekommen sei. So sah man das damals. Papst Benedikt zollt hingegen dem jüdischen Tempel Hochachtung, dem „Ort der geheimnisvollen Gegenwart Gottes". Jesus habe ihn nicht zerstören wollen, wie ein lügenhafter Zeuge später beim Prozess vor dem Hohen Rat behaupten wird; „er kommt nicht mit dem Schwert des Aufrührers. Er kommt mit der Gabe der Heilung." Er macht Lahme und Blinde im Tempel gesund, und er fordert den ursprünglichen Sinn des Tempels wieder ein, der im Gebet und in der Bindung an den einzigen Herrn Israels besteht und nicht in Geschäften.

Natürlich haben die Fachkollegen an Benedikts Methoden und Thesen einiges auszusetzen – um kritische Lektüre hatte er ja ausdrücklich gebeten. Man tadelt seine Fixierung auf Jacob Neusner (und dessen gut 900 Aufsätze und Bücher); andere jüdische Gelehrte, die mit Jesus nichts anfangen können und auch nicht mehr mit einer messianischen Hoffnung, hätte er in seinen Dialog mit einbeziehen müssen. Mag alles sein, für die von Judenfeindschaft und Gleichgültigkeit gegenüber Jesu Landsleuten beschwerte Kirchengeschichte sind seine Gedankengänge jedenfalls ein funkelndes Juwel, ein Befreiungsschlag, ein neuer Anfang.

Erschütternd, wie er die ehrwürdige und heute überaus umstrittene Rede von Jesu „Sühnetod" vom Ritual des jüdischen Großen Versöhnungstages her interpretiert: Wie in der Religionsgeschichte früherer Jahrtausende und auch im Judentum biblischer Zeiten das Blut eines geopferten Tieres von Gott gereinigt worden sei und damit auch die in dieses Opfer hineingenommenen Menschen durch die Berührung mit Gott von ihrer Schuld frei geworden seien, so geschehe das auf einer höheren Ebene und in verwandelter Form bei Jesus. „In ihm berühren sich Gott und Mensch, Gott und die Welt. In ihm geschieht das, was mit dem Ritus des Versöhnungstages gemeint war: In seiner Hingabe am Kreuz legt Jesus gleichsam alle Schuld der Welt in die Liebe Gottes hinein und löst sie darin auf. Hintreten zum Kreuz, in Gemeinschaft treten mit Christus bedeutet das Eintreten in den Raum der Verwandlung und der Entsühnung."

Auf diese Weise gelingt dem behutsamen Vordenker auf Petri Stuhl sogar ein Stück Neuinterpretation eines theologischen Ärgernisses, das er in seiner konservativen Orientierung nie frontal angegangen wäre: Vor allem feministische Theologinnen haben enorme Schwierigkeiten mit der Sprachregelung vom Sühnetod am Kreuz, mit dem Jesus stellvertretend für alle sündigen Menschen seinem beleidigten himmlischen Vater Genugtuung geleistet habe. Die Vorstellung von einem Richtergott, der durch ein blutiges Opfer versöhnt werden muss wie die Götzen aus archaischer Zeit, geht auf den stark vernunftorientierten englischen Theologen Anselm von Canterbury († 1109) zurück, und sie schien zusehends unvereinbar mit der biblischen Botschaft. Die schwärmt nämlich von einem bedingungslos, oft genug einseitig und auf eine fast verrückte Weise liebenden, vergebenden, niemals nachtragenden Gott.

Benedikt verabschiedet das Bild vom Sühnetod nicht ganz, aber er rollt den alten Gedankengang vom anderen Ende her auf: „Die Realität des Bösen, des Unrechts, das die Welt entstellt und zugleich das Bild Gottes verschmutzt – diese Realität ist da, durch unsere Schuld. Sie kann nicht einfach ignoriert, sie muss aufgearbeitet werden. Nun wird aber nicht etwa durch einen grausamen Gott Unendliches verlangt. Es ist genau umgekehrt: Gott selbst richtet sich als Ort der Versöhnung auf und nimmt das Leid in seinem Sohn auf sich. Gott selbst schenkt seine unendliche Reinheit in die Welt hinein. Gott selbst ‚trinkt den Kelch' alles Schrecklichen aus und stellt so das Recht wieder her durch die Größe seiner Liebe, die im Leid das Dunkle verwandelt." Also nicht Gott verlangt und braucht etwas, sondern der Mensch hat etwas nötig, was ihm Gott aus freien Stücken anbietet. Gott tritt in Christus an die Seite der Opfer – und der Täter! – und verändert dadurch ihre Situation, ihre Lebensbilanz. Zu Gottes Liebe gehört durchaus das Wahrnehmen von Gemeinheit und Unrecht in der Welt, er hört den Schrei der Unterdrückten. Aber sein Gericht ist nicht Rache, sondern Rettung.

Professor Benedikt und die Hirten von Betlehem

Die fachkundigen Kritiker freuen sich über den ökumenischen Brückenschlag, der allein schon in Ratzingers Thema liegt: Jesus und die Heilige Schrift, das sind Kernanliegen der Reformation. Sie bedauern, dass der Papst die literarische Entstehungsgeschichte des Neuen Testaments links liegen lässt, dass ihn die Sozialgeschichte der frühen Christenheit und überhaupt der gesellschaftliche und politische Kontext nicht interessieren, dass er sich mit vielen kleinen

Problemen und Widersprüchen in den Evangelien nicht befasst, weil er sich auf die großen Linien konzentriert, dass auch er mit Einseitigkeiten und Hypothesen arbeitet – was er den neumodischen Auslegern vorwirft –, dass er sich viel zu sehr auf das zuletzt entstandene, mit theologischen Deutungen überfrachtete Johannes-Evangelium stützt …

Und dann ist das natürlich so eine Sache, offenherzige Kritik am Kollegen Ratzinger zu wagen, der zwar freundlich dazu eingeladen hat, aber eben doch auf der wichtigsten Planstelle der katholischen Christenheit sitzt. Ein Papst schlüpft nach Feierabend in die Rolle des Professors und erklärt, die von ihm verfassten Bücher seien „in keiner Weise ein lehramtlicher Akt (…), sondern einzig Ausdruck meines persönlichen Suchens (…). Es steht daher jedermann frei, mir zu widersprechen." Konnte das gut gehen? Kann sich die Queen so einfach mal „privat" zum Sinn der britischen Monarchie äußern oder der Rektor der Al-Azhar-Universität in Kairo ganz inoffiziell eine andere Lesart des Koran andenken?

Es sind freilich oft die besten Bücher, die eine kontroverse Debatte auslösen – und wohl auch die interessantesten. Ein unbefangenes Lesepublikum darf es schlicht großartig finden, wie Benedikt von den Hirten und von den Sterndeutern aus dem Morgenland redet – und von der Geburt Jesu draußen vor der Stadt (wo er auch gekreuzigt wurde), weil in der Herberge kein Platz war: „Von Geburt an gehört er nicht dem Bereich dessen zu, was weltlich wichtig und mächtig ist. Aber gerade dieser Unwichtige und Ohnmächtige erweist sich als der wahrhaft Mächtige, als der, auf den letztlich alles ankommt. So gehört zur Christwerdung das Hinausgehen aus dem, was alle denken und wollen, aus den herrschenden Maßstäben, um ins Licht der Wahrheit unseres Seins zu finden und mit ihm auf den rechten Weg zu kommen."

Die Hirten gehören zu den Armen – für Benedikt „Gottes erste Liebe" –, sie waren Wachende in der Nacht wie später die Mönche, und: „Sie haben vielleicht nicht nur äußerlich, sondern auch innerlich näher an dem Ereignis gelebt als die zufrieden schlafenden Bürger. Sie hatten es auch innerlich nicht weit zum Kind gewordenen Gott." Die weisen Sterndeuter hingegen – oder waren es Magier? Persische Priester? – sieht Benedikt als „Menschen der inneren Unruhe, Menschen der Hoffnung", die für den Aufbruch der Menschheit stehen, für die Bewegung der Religionen und der Vernunft auf Christus zu. Und für Entmythologisierung: Während die antike Welt die Gestirne als schicksalsmächtige Gottheiten gesehen habe, bezeichne schon der biblische Schöpfungsbericht Sonne, Mond und Sterne schlicht als von Gott am Himmel aufgehängte Lampen. „In diese Linie gehört auch die Geschichte vom Stern der Weisen: Nicht der Stern bestimmt das Schicksal des Kindes, sondern das Kind lenkt den Stern."

Oder Benedikts ruhig am Text entlanggehende und doch zum Erschrecken und zur bohrenden Frage fähige Auslegung der Passionsgeschichte: Sogar der römische Richter Pilatus hat Mitleid mit der gedemütigten Spottgestalt Jesus, der seine Soldaten mit Geißelhieben das Fleisch in Fetzen geschlagen haben: „Ecce homo – seht den Menschen!" (Joh 19,5), ruft er der Menge zu. „In Jesus erscheint der Mensch überhaupt", sinniert Benedikt. „In ihm erscheint die Not aller Geschlagenen, Zerschundenen. In seiner Not spiegelt sich die Unmenschlichkeit menschlicher Macht, die den Machtlosen so niedertritt. (…) Aber auch das andere gilt: Seine innerste Würde kann Jesus nicht genommen werden. Der verborgene Gott bleibt in ihm gegenwärtig. Auch der geschlagene und erniedrigte Mensch bleibt Bild Gottes. Seit Jesus sich schlagen ließ, sind gerade die Verwundeten und Geschlagenen Bild des Gottes, der für uns leiden wollte."

Sein Verzweiflungsschrei am Kreuz „Mein Gott, mein Gott, warum hast du mich verlassen?" (Mk 15,34) wird ihn mit allen unter dem „Gottesdunkel" leidenden Menschen verbinden: „Er trägt den Notschrei der Welt, die von der Abwesenheit Gottes gepeinigt ist, vor das Herz Gottes selber hin." Alle Abgründe, alle Todesangst und Einsamkeit der Menschheit hat er schon in der Nacht auf dem Ölberg erfahren, wo er auf den Verräter und das Verhaftungskommando wartete: „Hier hat er auch um mich gerungen." Und hier hat er erlebt, wie seine Freunde, die er angefleht hat, mit ihm zu wachen, vom Schlaf überwältigt wurden – ein Bild für die kommende Christentumsgeschichte. „Die Schläfrigkeit der Jünger bleibt die Jahrhunderte hindurch die Chance für die Macht des Bösen. Diese Schläfrigkeit ist eine Abstumpfung der Seele, die sich nicht aufregen lässt durch die Macht des Bösen in der Welt, durch all das Unrecht und all das Leid, das die Erde verwüstet. Sie ist eine Stumpfheit, die all dies lieber nicht wahrnehmen möchte; die sich beruhigt, dass alles schon nicht so schlimm sei, um in der Selbstzufriedenheit des eigenen gesättigten Daseins fortfahren zu können."

Zum Weinen schön, könnte man mit einem abgegriffenen Bild sagen. Und bisweilen überraschend „modern", wenn Benedikt plötzlich alle gewohnten Deutungen und Einordnungen beiseitelässt. Wenn er sich mit der Auferstehung Jesu auseinandersetzt, mit den Berichten vom leeren Grab, mit den möglichen Unterschieden von Bekenntnis- und Erzählüberlieferung, wie die Theologen sagen, mit den Visionshypothesen, die ihm natürlich nicht gefallen, weil Maria von Magdala und die Jünger doch nicht einem Gespenst begegnet sind und auch nicht nur eine innere, mystische Erfahrung gemacht haben; wenn er, Benedikt, ausdrücklich darauf hinweist, dass der Auferstandene seine Freunde zum Essen eingeladen und am Ufer des Sees Gennesaret eigenhändig Fische auf einem Kohlenfeuer gebraten hat; wenn alles das vielleicht nicht genügt, springt er unversehens in die Denk- und Sprachwelt der Naturwissenschaftler hinüber und liefert eine eigenwillige Kombination aus Biologie und Quantentheorie: Sein Zauberwort heißt „Mutationssprung". Auferstehung sei ja beides, ein geschichtliches Ereignis, das den Raum der Geschichte sprenge, die Rückkehr eines Menschen zu seinen Freunden, mit denen er isst und nach Emmaus wandert, und gleichzeitig die Offenbarung einer völlig neuen, unzerstörbaren Existenz. „Wir können", schlägt Benedikt vor, „die Auferstehung als so etwas wie einen radikalen ‚Mutationssprung' ansehen, in dem sich eine neue Dimension des Lebens, des Menschseins auftut. Ja, die Materie selbst wird in eine neue Wirklichkeitsweise umgebrochen. Der Mensch Jesus gehört nun gerade auch mit seinem Leib ganz und gar der Sphäre des Göttlichen und Ewigen zu. (…) Wesentlich ist, dass mit der Auferstehung Jesu nicht irgendein einzelner Toter irgendwann einmal revitalisiert wurde, sondern dass in der Auferstehung ein ontologischer, das Sein als solches berührender Sprung geschah, dass eine Dimension eröffnet wurde, die uns alle angeht und die für uns alle einen neuen Raum des Lebens, des Mitseins mit Gott geschaffen hat."

Tatsächlich diskutieren die Evolutionsbiologen lebhaft darüber, inwieweit die Entwicklungsgeschichte des Lebens zu bestimmten Zeiten und an bestimmten Orten besonders schnelle Veränderungsphasen aufweist und welche kreative Rolle Mutationen in diesem Prozess der Artenbildung zukommen könnte.

Herzliche Worte für Kinder und Obdachlose

Reden, reden, reden gehört seit jeher zu den Dingen, die man von einem Papst erwartet, vielleicht auch befürchtet, zumal von einem Superhirn wie Ratzinger-Benedikt. Überraschenderweise hatten seine vielen Predigten und Ansprachen sehr selten einen wolkig-philosophischen Einschlag.

Eher waren sie oft bewusst grundsolide und einfach wie die meisten Kurzkatechesen bei den Generalaudienzen: knappe Anmerkungen zu „Glaubensartikeln“ und Festtagen, ein kurzer biblischer Impuls, ein Streiflicht auf irgendeinen Kirchenvater der christlichen Frühzeit.

Wenn er schon hohe Theologie trieb in seinen Reden, dann verknüpfte er sie geschickt mit einer persönlichen, fast intimen Meditation. „Das ewige Heute Gottes ist in das vergängliche Heute dieser Welt herabgestiegen“, dozierte er während seiner ersten Christmette in St. Peter, „und zieht unser vergehendes Heute in Gottes immerwährendes Heute hinein.“ Und zeichnete ein anrührendes Bild, das die abstrakte Aussage vom Kopf ins Herz transportierte: „Das Kindlein in der Krippe ist wirklich Gottes Sohn. (...) Gott ist so groß, dass er klein werden kann.“

Österreichische Pilger hatten ein in Betlehem entzündetes „Friedenslicht“ nach Rom mitgebracht. Benedikt interpretierte die symbolträchtige Flamme, als befinde er sich in einer alpenländischen Dorfkirche: „Lassen wir uns von diesem inneren Leuchten anstecken, das Flämmchen von Gottes Güte in unserem Herzen entzünden, und tragen wir alle durch unsere Liebe Licht in die Welt (...). Wir wollen beten um Frieden im Heiligen Land: Herr, schau auf diesen Fleck Erde hin, der dir so lieb ist als deine menschliche Heimat.“

Eine Sternstunde war seine Begegnung mit italienischen Erstkommunionkindern auf dem Petersplatz – obwohl seine Antworten spontaner gewesen sein dürften als die Fragen der Bambini. Ein Knirps hatte – wie erwachsene Theologieprofessoren auch – ein Problem mit der Gegenwart Christi in der Eucharistie: „Aber wie? Ich sehe ihn ja nicht!“ Das gehe den Menschen doch mit vielen Dingen so, antwortete Papa Benedetto mit kindgemäßer Logik, die auch dem Professor helfen könnte: „Wir sehen unseren Verstand nicht, und doch haben wir ihn. (...) Wir sehen zum

Kreuzweg: Petrus, der erste Papst, hat seinen Freund Jesus verleugnet, ein schwacher Mensch – und wurde von ihm berufen, seine Brüder zu stärken.

Beispiel auch den elektrischen Strom nicht, und doch sehen wir, dass es ihn gibt, denn wir sehen, wie dieses Mikrophon funktioniert; wir sehen die Lichter. (…) Und deshalb sehen wir auch den auferstandenen Herrn nicht mit unseren Augen, aber wir sehen, dass dort, wo Jesus ist, die Menschen sich ändern, dass sie sich bessern."

Auf der Plaza de la Paz in Guanajuato versammelte er im Frühjahr 2012 auf seiner Mexiko-Reise jubelnde Kinder um sich und stellte fest: „Gott möchte, dass wir immer glücklich sind. Er kennt uns und er liebt uns. Wenn wir zulassen, dass die Liebe Christi unser Herz verwandelt, dann werden wir die Welt verwandeln können. (...) Jesus möchte in das Leben eines jeden von euch eine Geschichte der Freundschaft einschreiben. Behaltet ihn also als euren allerbesten Freund. (...) Ich bin gekommen, damit ihr meine Zuneigung spürt. Darum möchte ich meine Stimme erheben und alle auffordern, die Kinder zu beschützen und auf sie zu achten, damit ihr Lächeln nie vergehe (...). Ich würde mich gerne länger bei euch aufhalten, aber ich muss schon wieder gehen."

So etwas ist echt, das spüren nicht nur Kinder – vor allem, wenn die freundlichen Worte mit der Sorge um konkrete Nöte verbunden sind; in Mexiko waren es die kindlichen Erfahrungen von Verlassenheit und Gewalt und der Hunger nach einer katastrophalen Dürre in einigen Landesteilen. Am Welttag der Migranten und Flüchtlinge lenkte Benedikt die öffentliche Aufmerksamkeit auf die verzweifelte Situation von Migrantinnen, die oft zur „Haupteinnahmequelle" für ihre Familien geworden seien und auf dem Niedriglohnsektor, bisweilen auch in der Sexindustrie arbeiten müssten. Man solle ihnen mit Respekt begegnen, nach den Gründen ihrer Flucht fragen und für ihre Rechte eintreten.

Manchmal formulierte er merkwürdig gestelzt und unsicher, wenn er Leute anredete, mit denen er sonst nie zu tun hatte. Und genau deshalb spürte jeder, dass so etwas aus dem Herzen kam. Dass Päpste Strafgefangene besuchen, ist seit dem guten Angelo Roncalli Tradition. Vor 300 Häftlingen im römischen Gefängnis Rebibbia kurz vor Weihnachten 2011 zitierte Benedikt XVI. auch brav die einschlägigen Passagen aus dem eben veröffentlichten Dokument „Africae Munus" (in dem er die Ergebnisse einer vatikanischen Sondersynode über die Probleme von Versöhnung, Gerechtigkeit und Frieden in Afrika zusammenfasste): Unabhängige Justiz- und Gefängnissysteme seien einzurichten, mit der Misshandlung von Gefangenen und Verhaftungen ohne Aussicht auf einen Prozess müsse Schluss sein, Häftlinge seien trotz ihrer Vergehen mit Respekt zu behandeln ... Und natürlich hatte der Gelehrtenpapst auch eine tröstliche theologische Pointe bereit: In Gott fielen Gerechtigkeit und Liebe zusammen, und diese scheinbar befremdliche „Logik Gottes" könne der menschlichen Ausübung von Gerechtigkeit nur gut tun.

Schöne Worte, die dem gerade in Rebibbia eingebuchteten Giovanni oder Mustafa aber vermutlich wenig weiter halfen. Doch dann las Benedikt aus Briefen von Häftlingen vor, die ihn erreicht hatten, machte sich durchaus sachkundig die aktuelle Forderung nach einer Ausweitung des offenen Vollzugs zu eigen (vor dem Hintergrund der italienischen Finanzkrise und überfüllter Haftanstalten), gratulierte einem Alberto lebhaft zur Geburt seiner „wundervollen Tochter" Gaia und reagierte sehr persönlich auf die Wortmeldung eines Federico aus der Krankenabteilung: Der erzählte, wie man sich fühle, wenn man als „Unmensch" behandelt werde, den man einfach wegsperrt und dem man neben der Freiheit auch noch die Würde raubt. Benedikt stimmte ihm zu: „Jeder kann fallen", und jeder verdiene Hilfe dabei, wieder aufzustehen. Und er berichtete seinerseits von der kleinen päpstlichen Familie mit den beiden Sekretären und den vier Laienschwestern. „Sie haben Freunde in verschiedenen Gefängnissen und wir bekommen auch Geschenke von ihnen und wir senden ihnen auch Geschenke. Diese Realität ist in meiner Familie sehr präsent, und ich denke, auch in vielen anderen. Wir müssen ertragen, dass andere schlecht von uns sprechen; man spricht auch sehr abschätzig über den Papst, und doch, wir gehen weiter. (...) Mir scheint es wichtig, dazu zu animieren, dass man gut über euch denkt, dass man ein Gespür für euer Leid bekommt, dass man in diesem Prozess des Wiederaufstehens hilft. Ich werde meinen Teil dazu beitragen (...)."

Appelle und Trostworte aus dem Mund von Politikern, Kirchenführern und anderen Prominenten haben gern einen schalen Beigeschmack, so als klopfe man einem Verzweifelten im Vorübergehen schnell einmal freundlich auf die Schulter. Bei Benedikt hatte man diesen Eindruck selten. „Lang ertragenes Leiden zerbricht auch das bestgesicherte Gleichgewicht eines Lebens", sinnierte er im Herbst 2008 bei einer Begegnung mit Kranken und deren Pflegern im Marienwallfahrtsort Lourdes. Besonders schwer zu bewältigen sei die schleichende Isolierung, die Versuchung, „dem Leben den Rücken zu kehren" – und besonders wichtig deshalb die „liebende Anwesenheit" von Freunden, auch wenn man fürchte, die richtigen Worte nicht mehr zu finden. Vielleicht auch die Anwesenheit der Mutter Jesu, die er „das Lächeln Gottes" nannte.

Geheimnisvolles Signal am Papstgrab

In der Nacht zum 6. April 2009 verwüstete ein Erdbeben die Region um die Stadt L'Aquila in den Abruzzen, forderte 300 Todesopfer und machte 67 000 Menschen obdachlos. Die Erdstöße waren noch im 100 Kilometer entfernten Rom wahrzunehmen. Papst Benedikt schickte seinen Kardinalstaatssekretär Tarcisio Bertone am Karfreitag zur Totenmesse und kam zwei Wochen später selbst in die Erdbebenregion, um mitzutrauern, Solidarität zu bekunden, aber auch um dem energisch betriebenen Wiederaufbau der zerstörten Orte seine Bewunderung zu zollen.

Er vertraute Gott den „schweigenden Schrei des Blutes von Müttern, Vätern, Jugendlichen und auch unschuldigen kleinen Kindern" an und bat ihn um Kraft, „miteinander den Weg des Lebens wieder aufzunehmen, indem wir uns vertrauensvoll einander an der Hand nehmen." „Eure Toten", sagte er den Hinterbliebenen, „leben in Gott und erwarten von euch ein Zeugnis des Mutes und der Hoffnung. Sie warten darauf, diese ihre Region wiedererstehen zu sehen." Mit Blick auf die Opfer müsse man sich bemühen, „von neuem zu leben, indem man das einsetzt, was nicht stirbt und was das Erdbeben nicht zerstört hat und nicht zerstören kann: die Liebe."

Auf dieser schmerzerfüllten Reise in die Abruzzen besuchte er auch das Grab seines Vorgängers Coelestin V. aus dem 13. Jahrhundert – jenes Einsiedlerpapstes, der nach einem halben Jahr zurücktrat, um wieder als einfacher Mönch zu leben. Mehr als zwei Jahre hatten damals die römischen Adelsgeschlechter um den Stuhl des heiligen Petrus gekämpft und geschachert, bis dem durchaus nicht so weltfremden Eremiten und Ordensgründer Pietro Angelari am Monte Morrone hoch in den Abruzzen der Kragen platzte: Er schrieb den zum Konklave in Perugia versammelten Kardinälen einen Brief und forderte sie voller Zorn auf, der zerrissenen Kirche endlich wieder ein Oberhaupt zu geben.

Das war ein Fehler, denn die Kirchenfürsten machten den couragierten Einsiedler kurzerhand selbst zum Papst. Der König von Neapel – Karl II. aus dem Hause Anjou – zwang ihn zur Annahme der Wahl, um ihn für seine politischen Ambitionen zu benutzen. Von den Frommen als „Engelspapst" begrüßt, ritt der über 80-jährige Coelestin auf einem Esel zur Krönung. Als er, der kaum ein Wort Latein sprach und keine Erfahrungen mit Verwaltungsbürokratie und Kirchenjuristerei hatte, die Kurie nicht in den Griff bekam und spürte, dass ihn alle nur als Alibifigur für die eigenen Machtgelüste brauchten, dankte er 1294 unter schrecklichen Gewissensqualen ab – „aus der Schwäche meines Körpers und der Unfähigkeit zum Lehramt, überhaupt wegen der Schwäche meiner gesamten Person", wie er verlauten ließ.

Sein machtbewusster, arroganter, eiskalter Nachfolger Bonifaz VIII. unterband die ersehnte Rückkehr in die Eremitenklause und ließ den Ex-Papst unverzüglich einkerkern, damit sich keine Oppositionellen um ihn versammeln konnten. Zwei Jahre später starb Pietro in seinem Gefängnisloch. Als Benedikt XVI. in den Abruzzen weilte, legte er auf dem Sarkophag des Eremiten in der eingestürzten Basilika Santa Maria di Collemaggio in L'Aquila das päpstliche Pallium nieder: die weiße Stola aus Lammwolle mit den Schlüsseln Petri und fünf schwarzen Kreuzen, die Jesu Wundmale versinnbilden. Das Pallium, das die Autorität des Petrusnachfolgers als Bischof von Rom symbolisiert.

Niemand verstand damals so recht die mysteriöse Geste. Ein Jahr darauf kam Benedikt schon wieder in die Abruzzen geflogen, mit dem Hubschrauber von Castel Gandolfo aus, um den 800. Geburtstag des längst heiliggesprochenen Einsiedlers zu feiern. Er sprach von der Kraft der Stille, vom zeitlosen Charisma der Heiligkeit und von der Menschheitsfrage „Woher komme ich? Wofür lebe ich?" Benedikts Rücktrittserklärung drei Jahre später deckt sich zum Teil fast wörtlich mit den Worten, die Coelestin V. sprach, als er abdankte, vor sieben Jahrhunderten.

7

Don Quijote oder Professor Petrus

*„Die Wahrheit ist nichts Billiges.
Sie ist anspruchsvoll, und sie
brennt auch."*

Karl Valentin hat er bewundert, den hintersinnigen Sprachzertrümmerer und Korrektheitsfanatiker, der allen Binsenweisheiten prinzipiell misstraute und gedankenlos Dahingesagtes ohne Gnade zerlegte. Don Camillo hat er geliebt, den raubeinigen Dorfpfarrer, der sich von Christus auf so demütige Weise immer wieder den hitzigen Kopf zurechtsetzen lässt. Man weiß, dass Papst Benedikt in Mußestunden zusammen mit seinen Sekretären und Hausschwestern die alten Don-Camillo-Filme anzuschauen pflegte, unverdrossen zum dritten und vierten Mal, obwohl er die köstlichen Dialoge längst auswendig kannte.

Sein eigenes Porträt aber zeichnete er einmal in der Gestalt des tragikomischen Don Quijote. Es faszinierte ihn, dass der Dichter Cervantes seine Romanfigur, die er zunächst eher spöttisch-distanziert darstellte, zusehends lieb gewann. Ratzinger über den „Ritter von der traurigen Gestalt": „Die verrückten Streiche sind zu einem liebenswerten Spiel geworden, hinter dem ein reines Herz sichtbar wird, ja der Kern der Narrheit, der nun ins Bewusstsein tritt, fällt mit der Fremdheit des Guten in einer Welt zusammen, deren Realismus nur noch Spott übrig hat für den, der Wahrheit als Wirklichkeit nimmt und für sie sein Leben wagt."

Mit Don Quijote verband Papst Ratzinger das hartnäckige Festhalten an einer Idee, welche die meisten für eine überholte Marotte hielten. Der Kampf gegen Windmühlenflügel. Die Verachtung des Zeitgeistes. Der Mut, sich auslachen zu lassen. Ein Leben lang hat er dafür gekämpft, dass es eine Wahrheit gibt und nicht nur eine Vielfalt von Überzeugungen, die alle gleich viel wert sind. Dass es eine absolute, unbedingt gültige letzte Wahrheit geben *muss,* weil sonst alles beliebig wird und unsere Werte, unsere Entschlüsse, unser Leben nur noch von Modetrends abhängen und von Mehrheitsentscheidungen, die heute gelten und morgen umgestoßen werden.

„Wenn der Mensch von der Wahrheit ausgeschlossen wird", gab der Kurienkardinal 1999 zu bedenken, „dann kann nur noch das Zufällige, das Willkürliche über ihn herrschen. Deswegen ist es nicht ‚fundamentalistisch', sondern eine Pflicht der Menschlichkeit, den Menschen gegen die Diktatur des absolut gewordenen Zufälligen zu schützen und ihm seine Würde zurückzugeben, die gerade darin besteht, dass keine menschliche Instanz letztlich über ihn herrschen kann, weil er auf die Wahrheit selbst hin geöffnet ist."

Da ist es, das kämpferische Wort von der „Diktatur des Relativismus", das Ratzinger immer wieder böse Medienkommentare eintrug. Die Menschen haben schlimme Erfahrungen mit den Verkündern absoluter Gewissheiten gemacht, die wie Kreuzritter einherreiten und ihre Wahrheit wie einen Totschläger benutzen.

Natürlich wusste er das: „Ich habe im Laufe meines geistigen Weges sehr stark das Problem empfunden, ob es nicht eigentlich eine Anmaßung ist zu sagen, wir könnten Wahrheit erkennen – angesichts all unserer Begrenzungen." Doch dann sei er zur Einsicht gekommen, „dass der Verzicht auf

Wahrheit nichts löst, sondern im Gegenteil zur Diktatur der Beliebigkeit führt. Alles, was dann bleiben kann, ist eigentlich nur von uns entschieden und austauschbar. Der Mensch entwürdigt sich selbst, wenn er nicht Wahrheit erkennen kann; wenn alles eigentlich nur Produkt einer einzelnen oder kollektiven Entscheidung ist."

Ein beliebiges Leben sei ein leeres Leben, davon ließ sich der Don Quijote auf dem Petrusthron nicht abbringen. Denn: „Für ein bloßes Spiel ist das Leben zu ernst, in dem wir mit dem Tod und mit dem Leiden konfrontiert sind. Der Mensch kann seine Identität verlieren, aber er kann seine Verantwortung nicht abschütteln, und mit ihr holt ihn seine Vergangenheit immer wieder ein."

„Wer sagt, was Vernunft ist?"

Ratzinger-Benedikt war immer klar, dass die Wahrheit in der Geschichte oft genug als Instrument der Herrschaft und Unterdrückung gedient hat. Auch den Christen – was niemals hätte geschehen dürfen. Denn Christus habe seine Wahrheit gewaltlos und in Armut verkündet. Wenn die Kirche von der Wahrheit rede, dann dürfe es ihr auf keinen Fall um den eigenen Besitzstand gehen, um Macht und Einfluss und Privilegien, sondern um den Dienst an der Menschenwürde. „Der Mensch ohne Gott verkümmert", so sah es Benedikt. „Denn wenn der Mensch sich nicht mehr überschreitet auf Gott hin, dann wird er anders, enger und kleiner. Dann verkümmern wesentliche Organe in ihm. Er wird seelisch gröber und undifferenzierter. Und schließlich kann er auch den anderen, ja, sich selbst nicht mehr lieben."

Nur die durchsichtige Propaganda eines Kirchenfunktionärs? Ratzingers Gedankengang erscheint durchaus schlüssig: „Wenn man nicht in allen Ärgerlichkeiten immer noch weiß, dass der Mensch Gott in sich trägt, wird man schnell zu dem Urteil kommen, dieses Geschöpf Mensch sei eigentlich das grausamste aller Tiere, und man wird dabei unvermerkt selbst grausam werden. Wenn wir nicht Gott im anderen erkennen, dann können wir nur abwägen zwischen dem Negativen und dem Positiven, das wir von Menschen her erfahren, und dann werden wir alsbald das Übergewicht beim Negativen finden. Nur wenn wir Gott im anderen durch alle Brüchigkeiten hindurch sehen, können wir Menschen bleiben."

Oder anders ausgedrückt: „Wenn wir den Maßstab Gottes, den Maßstab der Ewigkeit aus den Augen verlieren, dann bleibt eigentlich nur noch der Egoismus als Leitlinie übrig. (...) Wenn wir dagegen unser Leben so bauen, dass es vor den Augen Gottes bestehen kann, dann wird es auch für die anderen einen Schimmer von Gottes Güte sichtbar machen."

Mit Vorliebe zitierte Ratzinger in diesem Zusammenhang den polnischen Humanisten und Marxisten Leszek Kołakowski, mit dem er sich darin einig war, „dass die Streichung des Gottesglaubens, wie immer man es auch drehen und wenden mag, letztlich dem Ethos seinen Grund wegnimmt. Wenn die Welt und der Mensch nicht aus einer schöpferischen Vernunft kommen, die ihre Maße in sich trägt und in die Existenz des Menschen einträgt, dann bleiben nur noch Verkehrsregeln menschlichen Verhaltens übrig, die nach ihrem Nutzwert zu entwerfen und zu begründen sind. (...) Wird dann nicht eine neue Herrschaftsklasse die Schlüssel des Daseins, die Verwaltung des Menschen in die Hand nehmen?"

Man muss Papst Benedikt nicht zustimmen – aber seine ernsthafte Argumentationsweise verdient es, dass man sich damit auseinander setzt. Auch der Skeptiker kann dabei gewinnen. „Werte", „Moral", „Menschenwürde" heißen die Zauberworte, die Ratzinger noch immer mit der großen Mehrheit der Zeitgenossen verbinden – und von ihr trennen. Denn er tat es nicht unter ewigen Werten und nicht unter einer Moral, die unabhängig ist von wechselnden Mehrheitsentscheidungen. Sein Pochen auf solche absoluten Werte, seine Verteidigung philosophischer beziehungsweise gläubiger Essentials gegen eine beliebig zusammensetzbare Weltanschauung, das wird bleiben von einem bisweilen so schwach, so führungslos erscheinenden, von Pannen und Missverständnissen begleiteten Pontifikat.

Bleiben werden die bohrenden Fragen: Wer garantiert denn die Heiligkeit des Lebens, die unteilbare Menschenwürde, den unendlich kostbaren Wert jeder noch so unscheinbaren menschlichen Existenz? Was kann, was darf der Mehrheitswille? „Kann er Beliebiges zu Recht erklären, das dann alle bindet", wollte Benedikt wissen, „oder steht die Vernunft über der Mehrheit, so dass nicht wirklich Recht werden kann, was gegen die Vernunft gerichtet ist? Aber wer sagt, was Vernunft ist? Muss man einfach voraussetzen, dass die Mehrheit auch das Mehr an Vernunft verkörpert?"

Was ist das, die neue Weltordnung, der Philosophen wie Singer, Sloterdijk, Richard Rorty Konturen zu verleihen suchen und die der Vernunft, den Spielregeln der Evolution, dem Interessenausgleich verpflichtet ist? Sie sagen, der Mensch habe die Pflicht, auf rationale Weise die Welt neu zu konstruieren, eine humane Weltordnung der Rationalität zu entwerfen. „So weit so gut. Aber was ist rational?"

Wer setzt die Maßstäbe? Es muss Werte geben, die über jeder Mehrheitsentscheidung stehen; die Tötung Unschuldiger etwa kann von keiner Mehrheit oder Macht zum Recht erhoben werden. Was die Vernunft – die moralische Vernunft – hoffentlich verhüten wird. „Aber wie können diese letzten Werte erkannt werden, die die Grundlage jeder ‚vernünftigen', jeder moralisch rechten Politik sind und daher über allen Wechsel der Mehrheiten hinaus alle binden? Welche Werte sind das?" Wie lassen sie sich begründen?

Die Würde jedes Menschen, sein Recht auf Leben und Freiheit, für die Christen sind es vorpolitische Werte, die nicht von irgendwelchen Gesetzgebern geschaffen werden und nicht manipulierbar sind, die aus eigenem Recht existieren und jeder staatlichen und gesellschaftlichen Rechtsetzung vorangehen. Katholiken haben diese Rechte immer gern mit dem Naturrecht begründet, doch damit haben nicht nur die Protestanten Schwierigkeiten, die gegenüber der Möglichkeit einer sicheren Vernunfterkenntnis skeptisch sind. Wären die Menschenrechte dem Menschen wirklich angeboren, empörte sich der Philosoph Paolo Flores d'Arcais im Gespräch mit dem Kardinal, hätte er sie nicht jahrtausendelang mit Füßen getreten.

Nicht einmal die Berufung auf das Gewissen hilft weiter, denn das ist offensichtlich subjektiv, und Moral hatte in der Menschheitsgeschichte immer viel mit Gemeinschaftserfahrungen zu tun und wenig mit dem isolierten Individuum. In der christlichen Tradition verkörperte das Gewissen zwar die Möglichkeit, Gottes Stimme vernehmen und die immer gleiche verbindliche Norm erkennen zu können, aber in der Neuzeit steht es eher für die Problematik allgemein gültiger Ansprüche.

Anscheinend führt kein Weg daran vorbei, dass eine eisern tragfähige Begründung der Grundwerte nur über die Transzendenz zu haben ist, über den Glauben an einen Gott, der redet, verpflichtet, Ansprüche stellt. „Warum nicht den Dekalog zum Maßstab nehmen?“, fragte der jüdische Journalist Gad Lerner ganz unschuldig, als er das Streitgespräch zwischen dem Atheisten Flores d'Arcais und dem Christen Ratzinger moderierte. Die Zehn Gebote seien ja kein Sonderbesitz der Juden oder Christen, stimmte der Kardinal zu, sondern ein Ausdruck moralischer Vernunft, der sich weithin mit der Weisheit der anderen Kulturen decke.

Vorsichtig, seinen Respekt für den Andersdenkenden bekundend, versuchte Ratzinger damals eine Synthese aus Transzendenzglauben und unmittelbarer Einsicht. Christen seien der Überzeugung, „das Sein trage in sich eine moralische Botschaft, das Sein als solches sei nicht neutral, sondern auf die Liebe und gegen den Hass gerichtet, auf die Wahrheit und gegen die Lüge. Diese Perspektive ist, so glauben wir, dem Sein eingeboren und rührt von seinem Ursprung in Gott her. Und deshalb denken wir, dass unser Glaube und auch der Einsatz für die Werte der Menschheit und die Würde des Menschen letztlich von einer verborgenen Präsenz abhängt, auf die wir keinen Einfluss nehmen können."

Eine perfekte Welt lässt sich nicht zaubern, das wissen nicht nur alt gewordene Theologen. Glaube, wie Ratzinger ihn verstand, ersetzt deshalb nicht die Vernunft, sondern

Neugierig: Der Vatikantheologe Joseph Ratzinger und der linksliberale Philosoph Jürgen Habermas debattierten 2004 in München über Vernunft und Religion.

gibt ihr Tiefe und den eigentlichen Grund ihrer Evidenz. In der berühmt gewordenen Debatte mit Jürgen Habermas in der Münchner Katholischen Akademie hatte der Kardinal die Größe, von „Pathologien in der Religion" zu sprechen, die es nötig machten, „das göttliche Licht der Vernunft sozusagen als ein Kontrollorgan anzusehen, von dem her sich Religion immer wieder neu reinigen und ordnen lassen muss". Wenn man sich die Botschaften von Osama Bin Laden mit seiner moralischen Legitimierung der Gewalt anhöre, wenn Terrorismus durch religiösen Fanatismus gespeist werde, „ist dann Religion eine heilende und rettende oder nicht eher eine archaische und gefährliche Macht, die falsche Universalismen aufbaut und dadurch zu Intoleranz und Terror verleitet? Muss da nicht Religion unter das Kuratel der Vernunft gestellt und sorgsam eingegrenzt werden?"

Der Kardinal nahm sich allerdings auch die Freiheit, Zweifel an der Verlässlichkeit des neuen Gottes Vernunft zu äußern. „Schließlich ist ja auch die Atombombe ein Produkt der Vernunft; schließlich sind Menschenzüchtung und -selektion von der Vernunft ersonnen worden." Ganz offensichtlich gebe es auch „Pathologien der Vernunft (...), eine Hybris der Vernunft, die nicht minder gefährlich, sondern von ihrer politischen Effizienz her noch bedrohlicher ist (...). Deswegen muss umgekehrt auch die Vernunft an ihre Grenzen gemahnt werden und Hörbereitschaft gegenüber den großen religiösen Überlieferungen der Menschheit lernen." Ratzingers Vorschlag im Gespräch mit Habermas, seinem liberalen Antipoden: Religion und Vernunft müssten sich gegenseitig in die Schranken weisen und auf ihren positiven Weg bringen. In einer „notwendigen Korrelationalität von Vernunft und Glaube, Vernunft und Religion (...), die zu gegenseitiger Reinigung und Heilung berufen sind und die sich gegenseitig brauchen und das gegenseitig anerkennen müssen."

So viel Offenheit ist für den Kardinal selbstverständlich, denn bei der Unantastbarkeit der Menschenwürde, beim Recht auf Leben für jeden Träger des Namens Mensch gehe es nicht um irgend eine christliche Spezialmoral, sondern um Grundvoraussetzungen der Humanität, „um die Menschlichkeit des Menschen, der nicht das Zertreten der Schöpfung zu seiner Befreiung erklären kann, ohne sich zutiefst selbst zu betrügen".

Die Grundentscheidung für Leben und Menschenwürde hat freilich ihre politischen und juristischen Konsequenzen und führt damit doch wieder in die jeweils aktuellen Tagesdiskussionen hinein: Wie ist das Lebensrecht des behinderten, des im Wachkoma dahindämmernden, des ungeborenen Menschen zu sichern? Wie sind die Vorratshaltung menschlicher Föten, das Geschäft mit menschlichen Organen zum Zweck der Transplantation zu verhindern? Der Mensch dürfe nicht zum Produkt werden, zum Ergebnis genetischer Manipulation und Montage, wiederholte Ratzinger immer wieder, denn „was man ‚machen' kann, kann man auch zerstören."

Und während sich die medizinischen Experten und die Schönredner der Pharmaindustrie, die Verfassungsrechtler, parlamentarischen Fraktionssprecher und Verbandsfunktionäre die Köpfe heißdebattierten, plötzlich ein Zwischenruf des Kardinals, der nichts mehr mit Naturrecht oder Strafgesetzbuch zu tun hatte, sondern durch und durch theologisch klang oder einfach gläubig: „In jedem Menschen müssen wir lernen, Gottes Bild zu erkennen, wie fremd und unsympathisch er uns auch erscheinen mag. In jedem sollen wir auch den Partner des künftigen Lebens erkennen, dem wir auf der anderen Seite der Welt wieder begegnen werden."

Auch Ratzingers Beiträge zur Wertedebatte sind kritisiert worden – als eindimensional, vereinfachend, rückwärtsgewandt, apokalyptisch. Der Kardinal, später vielleicht auch der Papst: Sie mögen bisweilen salopp formuliert, die Motive der anderen Seite zu schnell vom Tisch gewischt und unfaire Zensuren verteilt haben. Wenn man die Diskussion der letzten Jahrzehnte überblickt, wird man feststellen müssen: Die Heiligkeit des Lebens, die unteilbare Menschenwürde, der unendlich kostbare Wert jeder noch so unscheinbaren menschlichen Existenz – unter den Intellektuellen hatten sie keinen besseren Anwalt als Joseph Ratzinger.

Die Aufklärung ist noch nicht zu Ende gedacht

Sein eigensinniges Beharren auf Werten, die nicht *er*funden, sondern *ge*funden werden – einer seiner Lieblingsausdrücke –, war viel mehr als ein interessanter Beitrag für ein philosophisches Kolleg. Denn darin steckten sehr konkrete Vorentscheidungen für Bioethik und internationales Recht. Der Irakkrieg war noch lange nicht beendet, da traf sich der Präfekt der Glaubenskongregation im Januar 2004 in München mit dem Philosophen Jürgen Habermas, um über die moralischen Grundlagen einer freiheitlichen Gesellschaftsordnung zu diskutieren.

Während im vorderen Orient um Ölfelder und Machtpositionen gekämpft wurde, konnten sich die beiden Herren nicht auf geistreiche Gedankenspiele beschränken. Was Ratzinger sagte, klang denn auch wie eine Standpauke an den amerikanischen Kriegsherrn George W. Bush: Aufgabe der Politik sei es, „Macht unter das Maß des Rechts zu stellen und so ihren sinnvollen Gebrauch zu ordnen. Nicht das Recht des Stärkeren, sondern die Stärke des Rechts muss gelten." Das Recht müsse Ausdruck einer im Dienst aller stehenden Gerechtigkeit sein, nicht das Produkt von Willkür, nicht die „Rechtsanmaßung derer, die die Macht dazu haben".

Ganz eindeutig eine Ohrfeige für den von Bush praktizierten Unilateralismus ohne Rücksicht auf die Interessen anderer Staaten und ohne Respekt vor der UNO. Der Präsident rächte sich, indem er auf die Teilnahme an Benedikts Amtseinführung als neuer Papst verzichtete. Lediglich seine Außenministerin Condoleezza Rice – sie kommt aus einer schwarzen Predigerfamilie – schickte er nach Rom. Die musste sich dann anhören, Christus werde den Mächtigen der Welt Korruption, Rechtsbeugung und Willkürherrschaft aus der Hand nehmen.

Wenn der Papst so redete, spürte man, wie befreiend christlicher Glaube sein kann, gesellschaftlich und politisch befreiend: Gott als Anwalt der Machtlosen schützt ihr Recht. Gott als Schöpfer des Lebens verbietet jeden Anschlag auf körperliche Unversehrtheit und geistige Freiheit (auch wenn er von römischen Glaubensbeamten ausgeht, Ratzinger hätte dem vielleicht nicht widersprochen). Gott als einziger Herr der Welt relativiert alle irdische Macht und degradiert die aufgeblasenen Machthaber (auch solche mit purpurroten Schärpen und goldblitzenden Brustkreuzen, da hätte er erst recht nicht widersprochen) zu ziemlich lächerlichen Zwergen. Aber muss man denn immer gleich vom Schöpfergott und vom Himmel reden, um den Menschen vor Manipulation zu schützen? Genügt nicht die nüchterne Vernunft (die ja nach christlicher Überzeugung eine Gottesgabe ist)?

Man spürt, wie hart es den lupenreinen Intellektuellen Ratzinger stets ankam, die Vernunft von ihrem Thron zu stoßen, und er tat es auch nur dezent, ohne Triumphgeschrei, und versicherte ein ums andere Mal, natürlich müsse der gläubige Mensch seinen kritischen Verstand gebrauchen, und immerhin habe der Glaube die Neuzeit und die Aufklärung mit ermöglicht, indem er die Welt entzaubert und dem Menschen zur Gestaltung übergeben habe.

Aber die Vernunft sei, bei allem Respekt, nicht das Maß aller Dinge. „Der Auftrag des Glaubens heißt: verantwortete Vernünftigkeit; Verantwortung gibt es freilich nur, wo ein ‚Wort' da ist, an dem wir zuletzt gemessen werden." Und dieser letzte Maßstab komme eben nicht aus den Köpfen der Menschen, aus noch so glanzvollen philosophischen Theorien oder aus den Mehrheitsentscheidungen irgendwelcher Parlamente und Synoden – dann wäre die Vernunft der Mode und historischen Entwicklung ausgeliefert –, sondern aus der Ewigkeit Gottes. Aus der Beziehung zu einem Gott, der redet, Ansprüche stellt, in die Pflicht nimmt. „Die Wahrheit ist nichts Billiges. Sie ist anspruchsvoll, und sie brennt auch."

Unter dem Hohngelächter altmodischer Freigeister, deren Begriffsinstrumentarium sich seit Voltaire und Marx kaum gewandelt hat, präsentierte Ratzinger-Benedikt den Glauben als Anwalt einer zu Ende gedachten Aufklärung – weil sie ohne den Glauben vor den wirklich existenziellen Fragen und vor dem Anspruch der Wahrheit zurückschrecken könnte. Christlicher Glaube, sagte Ratzinger, „steht zutiefst gegen die Isolierung des Denkens auf die Frage des Funktionierens und auf die Frage der Nützlichkeit. Er fordert den Menschen dazu heraus, über seinen momentanen Nutzen hinweg nach dem Grund des Ganzen zu fragen. Er schützt die schauende und vernehmende Vernunft vor dem Zugriff der bloß instrumentellen Vernunft."

Die Vernunft ist nicht alles – und die Freiheit ist nicht alles. Sie braucht ein Maß, einen Inhalt, sonst wendet sie sich egomanisch gegen den Mitmenschen. Freiheit soll im Menschen neue Möglichkeiten zum Vorschein bringen – und das Gute befördern, sonst wird sie verspielt.

„Im Christentum ist Aufklärung Religion geworden"

Man hätte viel genauer registrieren müssen, wie sorgsam Benedikt der Vernunft ihren Platz in der Begründung des

Glaubens und in der Verkündigung der Kirche zuwies. Frömmelnde Fanatiker hatten bei ihm schlechte Karten, auch wenn sie mit Marienfahnen durch die Lande zogen. Nicht die alten Religionen hätten das Christentum innerlich vorbereitet, sondern die Aufklärungsphilosophen, behauptete der Kurienkardinal 1999 in der Pariser Sorbonne, zur Verblüffung seines Auditoriums. Denn das Christentum beruhe laut Bibel und Augustinus nicht auf mythischen Bildern und Ahnungen, nicht auf Poesie und Politik, sondern auf Erkenntnis, auf vernünftiger Analyse der Wirklichkeit. „Im Christentum ist Aufklärung Religion geworden und nicht mehr ihr Gegenspieler." Nicht von ungefähr habe der polytheistische römische Staat das junge Christentum unter Atheismus-Anklage gestellt: „Es hielt sich nicht an die Relativität und Austauschbarkeit der Bilder, es störte damit vor allem den politischen Nutzen der Religionen und gefährdete so die Grundlagen des Staates, in dem es nicht Religion unter Religionen, sondern Sieg der Einsicht über die Welt der Religionen sein wollte."

In der „Verschmelzung von Aufklärung und Glaube", so Ratzinger in der Sorbonne, habe das Christentum am philosophischen Gottesbild freilich einschneidende Korrekturen angebracht: Gott sei nun mehr als Natur; die allumfassende Natur und das sie ins Dasein rufende Sein träten auseinander. Und Gott sei keine schweigende „Weltseele" mehr, sondern trete in die Geschichte ein und gehe dem Menschen entgegen. Am Ende stehe die Synthese von Vernunft, Glaube und Leben mit der gemeinschaftlich geübten moralischen Praxis und der Fürsorge für Leidende und Schwache.

Das heißt, Glaube lässt sich nach wie vor nicht beweisen – Ratzinger: „Ich kann nicht sagen, wer das nicht annimmt, der ist eben blöd"–, aber er ist kein dumpfes Gefühl, keine finstere Angelegenheit für Verschwörungstheoretiker und Gesinnungsterroristen, er hat eine rationale Struktur. Und bindet die Vernunft an die Liebe: „Wer auf den Gott hin-

Der Theologe: Eigentlich wollte er sein Leben lang nichts anderes tun als lehren und forschen.

schaut, der sich für uns umbringen lässt, kann nicht mehr auf fanatische Gedanken kommen." Der kann nicht mehr das Weltgericht in die eigene Hand nehmen, sondern muss sich auf den Weg machen, Frieden zu schaffen.

Wobei der Realist Ratzinger selbstverständlich weiß, dass Glaube auch krank machen kann, wenn er zum selbstquälerischen Wahn oder zur aggressiven Keule entartet. Die Religionskritik der Propheten hält er nach wie vor für aktuell, und sie dürfe sich nicht nur gegen „die anderen" richten. „Religionen können es dem Menschen auch schwerer machen, gut zu sein", wenn sie unreif bleiben und Menschen unterdrücken oder sich selbst entfremden, statt sie zu Gott zu führen.

Genau aus diesem Grund behauptete der scheinbar so hoffnungslos intolerante „Panzerkardinal" hartnäckig, dass keinesfalls alle Religionen gleich seien – und dass die Leidenschaft für die Wahrheit dennoch nicht zur Hybris und Aggression führen müsse: „Begegnung der Religionen ist nicht durch Verzicht auf Wahrheit, sondern nur durch tieferes Eingehen in sie möglich. Die Skepsis verbindet nicht." Und: „Dialog ist nicht ziellose Unterhaltung, sondern er zielt auf Überzeugung, auf Wahrheitsfindung, sonst ist er wertlos."

Für ihn hat Dialog immer bedeutet, das eigene zwangsläufig verengte Wahrheitsverständnis aufzubrechen und sich vom anderen auf den Weg zum größeren Gott bringen zu lassen – „in der Gewissheit, dass ich die Wahrheit über Gott nie ganz in Händen habe und vor ihr immer ein Lernender, auf sie hin ein Pilger bin, dessen Weg nie zu Ende ist."

Auch das Christentum könne zum Aberglauben entarten, pflegte er unbefangen einzuräumen, auch das Christentum müsse immer wieder gereinigt und auf seine eigene Wahrheit hin befragt werden. Er war freilich stets ehrlich genug zuzugeben, dass er dieses Christentum für den richtigen Weg halte, für die reifste, intelligenteste, menschlichste Form, sich Gott zu nähern, und für die sicherste Methode, ihn zu finden. Und zwar nicht über Dogmen und Katechismusformeln, sondern in der Begegnung mit Jesus Christus, in dem Gott ein menschliches Gesicht angenommen hat.

Gott hat ein Gesicht und ein Herz

Und was hat das der Welt gebracht? Hat es sie besser gemacht? Natürlich litt auch ein so sensitiver Theologe wie Joseph Ratzinger an dem Problem, warum Gott denn nur auf diese merkwürdig schwache Weise, als Gekreuzigter und Gescheiterter, in der Welt präsent ist: Gott habe sich offenbar „viel fragiler" in die Geschichte der Menschen hineinbegeben, als wir das möchten. Aber das sei wohl die Antwort auf die menschliche Freiheit. Unter der Bedingung dieser Freiheit bedeute Geschichte keine kontinuierliche Entwicklung, „sondern immer das Abenteuer neuen Beginns". So gesehen, schafft der Glaube nicht automatisch eine bessere Welt, aber er weckt und stärkt die Kräfte des Guten. Und hält – Ratzinger kommt immer wieder darauf zurück – die Sehnsucht nach der Transzendenz und die Frage nach der Wahrheit offen.

Glaube – es klingt überraschend und durchkreuzt das vor seiner Wahl hundertfach wiederholte Klischee vom Kurienbürokraten – sei eben kein ausgetüfteltes System von Sätzen, kein Unterschreiben von Theorien und Rezitieren von Lehren, sondern ein Weg, eine Beziehung, eine Bewegung im Menschen, eine „Kehre des menschlichen Seins in eine neue Richtung des Lebens hinein". So liest sich das noch etwas gravitätisch in seiner „Einführung in das Christentum" von 1967. So sei das Glaubensbekenntnis wesentlich auf das Zusammenführen von Menschen aus, auf das Wir der Glaubenden in der Gemeinsamkeit von Bekenntnis, Anbetung, Dienst.

So redet weiß Gott kein Inquisitor oder klerikaler Verwaltungsbeamter, eher ein Großstadtpfarrer oder spiritueller Begleiter, der die Sehnsüchte seines Gesprächspartners genauso kennt wie seine Zweifel und Barrieren, vielleicht teilt er sie sogar: Wer zu glauben beginnt, entscheidet sich dafür, „dass im Innersten der menschlichen Existenz ein Punkt ist, der nicht aus dem Sichtbaren und Greifbaren gespeist und getragen werden kann, sondern an das nicht zu Sehende stößt, so dass es ihm berührbar wird und sich als eine Notwendigkeit für seine Existenz erweist." Was einen abenteuerlichen Sprung ins Risiko bedeute, eine Umkehr, biblisch gesprochen, eine *Be-kehrung*. Wer sich zu glauben entschließt, lässt seine bisherigen Gewissheiten in

Frage stellen, sein Vertrauen auf Erfahrung, Rechnen, Handeln, auf all die vordergründigen Selbstverständlichkeiten. Das unerklärliche Wunder des Schönen statt des mathematisch Objektivierbaren. Der geheimnisvolle Stoff des Seins hinter den vielen Einzeldingen. Der Sinn, den ich mir nicht selbst ausrechnen und zurechtlegen kann. Ratzinger: „Sinn, das heißt der Boden, worauf unsere Existenz als ganze stehen und leben kann, kann nicht gemacht, sondern nur empfangen werden."

Für Christen hat dieser Sinn einen Namen, ein Gesicht. Der Sinn heißt „Gott", „Vater", „Jesus Christus", „Heiland". Am Ende des Glaubensweges steht keine philosophische Idee, kein anonymes, neutrales Bewusstsein, keine vage esoterische Größe, keine Verschmelzung mit dem unpersönlichen All-Einen, sondern die Entdeckung einer schöpferischen Liebe und die Begegnung mit einem Du.

„Leere Romantik" nannte er es als junger Fastenprediger in einer bayerischen Barockbasilika, „zu sagen: Verschont uns mit den Dogmen, mit der Christologie, dem Heiligen Geist, der Dreifaltigkeit; es genügt doch völlig, Gott den Vater und die Bruderschaft aller Menschen zu verkünden und dies ohne mystische Theorien zu leben – darauf komme es allein doch an."

Doch könne man auf Vaterschaft und Geschwisterlichkeit so einfach vertrauen? Wenn die Griechen ihren Zeus „Vater" nannten, sei das eher eine Umschreibung für die tragische Zweideutigkeit Gottes gewesen: „Er ist, wie Menschenväter eben sind. Manchmal ganz nett, wenn er gut gelaunt ist; aber im Tiefsten ein Egoist, ein Tyrann, unberechenbar, undurchschaubar und gefährlich." Dass Gott ein wirklich guter Vater sei (über die „mütterlichen" Züge im jüdisch-christlichen Gottesbild sprach Ratzinger an anderer Stelle ausgiebig), dass er „allem Anschein zum Trotz nicht spielt mit der Welt, sondern sie verlässig liebt", wisse man erst, seit er selbst sich gezeigt, die alten Bilder umgestürzt und ein neues Maß aufgerichtet habe – in Christus.

Der Gott der Christen (und der Juden) hat ein Herz und ein Gesicht, der junge Heißsporn auf der bayerischen Kanzel ahnte es schon und der greise Papst hat dieses Gesicht und dieses Herz gefunden und wird wieder und wieder voller Glück davon erzählen, bei den Audienzen in Rom und auf seinen Reisen in Polen, England, Mexiko, Afrika. Christlicher Glaube lebt davon, dass Gott nicht nur existiert, sondern für *uns* da ist, dass er sich anreden lässt, „dass es nicht bloß objektiven Sinn gibt, sondern dass dieser Sinn mich kennt und liebt".

Evolutionssprung mit Jesus Christus

Seine Grundüberzeugung, dass die Welt gut geschaffen sei und Sinn habe, hat sich Joseph Ratzinger niemals ausreden lassen – nicht von zynischen Diskussionspartnern und nicht einmal von der eigenen Neigung zum Pessimismus. Natürlich ist die Welt nicht vollkommen, sie muss gestaltet, verändert, verwandelt werden – aber sie darf nicht verneint, verleumdet und schlecht gemacht werden, wenn es richtig sein soll, dass sie aus Gottes Händen kommt.

„Gott ist Schöpfer, Welt ist Schöpfung, ich bin geschaffen" – für Ratzinger ist das ein Grundcredo, das nicht einengt, sondern befreit und so etwas wie ein Urvertrauen ermöglicht. Und viel Gelassenheit: „Noch ehe wir von uns aus Sinn *machen,* ist Sinn da. Er umfängt uns. Wir stehen auf ihm. Der Sinn ist nicht eine Funktion unseres Schaffens, sondern seine vorausgehende Ermöglichung. Das heißt: Die Frage nach unserem Wozu ist in unserem Woher beantwortet." Ein typisch theologischer Zirkelschluss, der sich mit seiner eigenen unbewiesenen Voraussetzung beweist? Vielleicht doch nicht: „Wenn in der Welt nicht schon Sinn läge, dann könnten wir auch keinen machen", gibt Ratzinger ganz leise zu bedenken.

Es zeigt seine geistige Weite, dass er in seiner „Einführung in das Christentum" fasziniert in die Gedankenwelt des Naturwissenschaftlers und theologischen Visionärs Pierre Teilhard de Chardin eintauchte, der zu jener Zeit in Rom noch als Unperson galt und erst unter Johannes Paul II. allmählich rehabilitiert werden sollte. Damals, als Ratzinger ein junger Dogmatiker war, stellte ein Mitglied des Heiligen Offiziums unwirsch fest, Pater Teilhard rieche eindeutig „nach Schwefel". „Wenn Jesus der exemplarische Mensch ist", schrieb Ratzinger 1968, „in dem die wahre Gestalt des Menschen, die Idee Gottes mit ihm, vollends ans Licht tritt, dann kann er nicht dazu bestimmt sein, nur eine absolute Ausnahme zu sein, eine Kuriosität, in der Gott uns demonstriert, was alles möglich ist. Dann geht seine Existenz die ganze Menschheit an."

Und dann, ganz in Teilhards Diktion: „Der Glaube sieht in Jesus den Menschen, in dem – vom biologischen Schema her gesprochen – gleichsam der nächste Evolutionssprung getan ist; den Menschen, in dem der Durchbruch aus der beschränkten Art unseres Menschseins, aus seiner monadischen Verschließung, geschehen ist; jenen Menschen, in dem Personalisation und Sozialisation sich nicht mehr ausschließen, sondern bestätigen; (...) jenen Menschen, in dem die Menschheit ihre Zukunft berührt und in höchstem Maße sie selbst wird, weil sie durch ihn Gott selber berührt, an ihm teilnimmt und so in ihre eigentlichste Möglichkeit gelangt. Von da aus wird der Glaube in Christus den Beginn einer Bewegung sehen, in der die zerteilte Menschheit immer mehr eingeholt wird in das Sein eines einzigen Adam, eines einzigen ‚Leibes' – des kommenden Menschen."

In der absoluten Zentrierung christlichen Glaubens auf Jesus von Nazareth liegt freilich das Problem: Ist es nicht verrückt, unsere ganze Existenz auf einen einzigen Menschen zu gründen, eine einzelne Gestalt, die im Nebel der Vergangenheit verschwindet, zur Mitte der Geschichte zu erklären? Wieder stehen wir vor dem Phänomen, dass Gott leise, schwach, verwundbar in die Welt eintritt, dass seine Macht in Armut und Niedrigkeit kaum noch zu ahnen ist. „Da ist zunächst die Erde, ein Nichts im Kosmos, welches der Punkt göttlichen Handelns am Kosmos sein soll. Da ist Israel, ein Nichts unter den Mächten, das der Punkt seines Erscheinens in der Welt sein soll. Da ist Nazaret, noch einmal ein Nichts innerhalb Israels, das der Punkt seines definitiven Gekommenseins sein soll. Da ist endlich das Kreuz, an dem einer aufgehängt ist – eine gescheiterte Existenz, und es soll der Punkt sein, an dem man Gott geradezu betasten kann."

Die bohrenden Fragen bleiben. Und nicht nur der junge Ratzinger war mutig genug, die Armseligkeit und Fragwürdigkeit der Kirche, in der Gott zu finden sein soll, in diese Galerie der Verrücktheiten einzureihen: Gerade im Prunk des Renaissancefürstentums, als sich die Kirche zur Tür zum Himmel hochstilisierte, sei sie „zum Inkognito Gottes geworden, der dahinter kaum noch zu finden war". Exakt 37 Jahre nach diesem Stoßseufzer, am Karfreitag 2005, verglich der alt gewordene Kurienkardinal Ratzinger beim Kreuzweg im römischen Kolosseum seine Kirche mit einem sinkenden Boot, das schon voll Wasser gelaufen und völlig leck sei. „Das verschmutzte Gewand und Gesicht deiner Kirche erschüttert uns. Aber wir selber sind es doch, die sie verschmutzen."

8

Warum die großen Visionen hinter den kleinen Pannen verschwanden

„Betet für mich,
dass ich nicht furchtsam vor den
Wölfen fliehe“

Er hätte als Debattenpapst in die Kirchengeschichte eingehen können wie die heilige Katharina von Alexandrien, schön und hoch gebildet, die unter dem römischen Kaiser Maxentius 50 heidnische Philosophen in öffentlicher Disputation in die Tasche gesteckt haben soll, worauf sich alle zum Christentum bekehrten und enthauptet wurden. Die sterblichen Überreste der ebenfalls enthaupteten Katharina trugen Engel zum Berg Sinai.

Er hätte zweimal im Jahr, einmal pro Monat, drei Wochen lang in der luftigen Sommerresidenz Castel Gandolfo, im Anschluss an seine Pastoralreisen in den großen Universitäten, ach, überall in der Welt des Geistes das offene Gespräch mit Ethikern, Naturwissenschaftlern, Philosophen, englischen Gottesleugnern, französischen Feministinnen, arabischen Religionspolitikern führen sollen, neugierige Dialoge wie einst, mit Lust und Leidenschaft und ohne Angst, zu viel zu sagen und sein Amt mit persönlichen Akzenten zu beschädigen. Die größten Päpste waren starke Individuen, die aus ihren originellen Visionen und Neigungen kein Hehl machten. Dann hätte sich die Öffentlichkeit auch daran gewöhnen können, dass ein Gelehrtenpapst nicht immer so wasserdicht korrekt formuliert wie ein Redenschreiber im diplomatischen Dienst. Und es wäre dem wankelmütigen Medienpublikum leichter gefallen, Benedikts Stärken wahrzunehmen – sein analytisches Denken in großen Zusammenhängen, sein widerspenstiges Fragen nach dem letzten Sinn, seine Konzentration auf das, wofür es sich zu leben lohnt und womit man versöhnt sterben kann – und ihn nicht in eine Rolle zu drängen, die er nicht zu spielen vermochte.

Der Hype und Rummel des Anfangs wäre in jedem Fall verflogen, das war bei Gorbatschow oder Obama nicht anders und auch nicht beim „Superstar" Karol Woityła, dem viele enttäuschte Herzen erst wieder während seines tapferen Sterbens zuflogen – aber man hätte ihn auf eine nüchterne Weise respektiert und geliebt, nicht nur in den Kreisen, die vor jedem Mitraträger in die Knie gehen. Benedikt hätte in seiner leisen, zurückhaltenden Art ein starkes Hoffnungsgesicht seiner von Parteiungen zerrissenen und von Problemen gebeutelten Kirche werden können.

Glauben heißt fliegen können

„Glauben heißt, dass wir wie Engel werden", so fasste Benedikt einmal in gewagter Kürze die Mönchstheologie der frühen christlichen Jahrhunderte zusammen. „Wir können fliegen, weil wir uns selber nicht mehr schwer nehmen."

Der bisweilen so furchtsame und dem freien Spiel der Kräfte misstrauende Kuriale Ratzinger-Benedikt hatte ja immer auch eine ganz andere Seite. Der Ordnungsfanatiker träumte von einem heiteren, kraftvollen, durchaus sinnlichen Christentum, wie es seinem bayerischen Naturell entsprach und seiner Prägung durch die lockere italienische Art. Glaube habe wenig mit halbmagischen Ritualen und drückenden Vorschriften zu tun, versuchte er den Menschen zu sagen, die ihn immer weniger hören wollten und zunehmend auch nicht verstehen konnten in seiner von Skandalen erschütterten vatikanischen Wagenburg. Glaube bedeute Freude, Schönheit, Lebensmut. Geborgenheit. Vertrauen. Freundschaft.

Glaube, eine Liebesgeschichte: „Diese schöpferische Vernunft ist Güte. Sie ist Liebe. Sie hat ein Gesicht. Gott lässt uns nicht im Dunklen tappen. Er hat sich gezeigt als Mensch. Gott hat ein menschliches Gesicht angenommen."

Schönheit, die befreit und irritiert: „Die Erfahrung der Schönheit entfernt uns nicht von der Wirklichkeit, im Gegenteil, sie führt zu einer direkten Begegnung mit den täglichen Wirklichkeiten unseres Lebens, indem sie ihm die Augen des Herzens und des Geistes neu öffnet, ihm Flügel verleiht und ihn emporzieht. Dostojewskij sagt: ‚Die Menschheit kann ohne Wissenschaft leben, sie kann ohne Brot leben, aber sie kann nicht ohne Schönheit leben, weil man dann nichts mehr für die Welt tun könnte.'"

Man hat ihn durchaus gehört, den lästigen Mahner, zumindest in den Höhen des akademischen Diskurses, wo ihm keinesfalls nur erzkonservative Fossilien seines Alters und seiner geistigen Herkunft zustimmten. Nach Benedikts zunächst so umstrittener „Regensburger Rede" 2006 pflichtete ihm der New Yorker Völkerrechtler Joseph Weiler bei – ein gebürtiger Jude, der in Brügge Europarecht doziert: In der Tat gebe es „weite Themenbereiche und Fragen zur Situation des Menschen – etwa die nach seinem Woher und Wohin – (...), die im wissenschaftlichen Rationalismus schlichtweg nicht vorkommen, aber nicht aus dem logischen Diskurs herausgenommen werden sollten". Und Weiler freute sich über Benedikts Botschaft, dass „das Etikett ‚Religion' nicht jedem beliebigen Glaubenssystem das Imprimatur der Legitimität verleihen sollte" und „die katholische Tradition im Christentum der Disziplin der Vernunft in besonderer Weise verpflichtet und (...) an sie gebunden ist".

Die Verwandlung: Aus dem spröden Kurienbeamten wird für ein paar Jahre ein bejubelter spiritueller Führer. Auf einem Rheinschiff pilgert Benedikt XVI. im August 2005 zum Weltjugendtag in Köln.

Der französische Philosoph André Glucksmann, interessanterweise ebenfalls ein Querdenker mit jüdischen Wurzeln, erinnerte an den von Bolschewisten und Nazis verkörperten „transzendentalen Stolz, der Glaube und Vernunft in einem einzigen Happen verschluckt" und die Welt von einer Katastrophe in die nächste gestürzt habe. Vernunft und Glaube müssten sich heute gemeinsam gegen den Nihilismus mit seiner Banalisierung des Bösen stemmen und laut verkünden, „dass ein Glaube, der sich von der Vernunft loslöst, um sich alles zu erlauben, das heißt zu tun, was ihm beliebt, sich im Grunde genommen einem Glauben entgegenstellt, der die Vernunft mit ihren Zweifeln und Verboten liebt".

Viele haben ihn verstanden, viele Kirchenferne und „religiös Unmusikalische", nicht nur der ständig zitierte Gesprächspartner Habermas. Er hat es ihnen auch leicht gemacht, wenn er nicht als dialogresistenter Betonkopf auftrat, sondern seine andere Seite offenbarte, die neugierige, großzügige, in den Aufbruch verliebte: Beim Weltjugendtag 2005 schärfte der eben erst zum obersten aller Hirten Gewählte seinen deutschen Mitbischöfen ein: „Wir müssen Ehrfurcht haben vor dem Suchen der Menschen, dieses Suchen unterstützen, sie fühlen lassen, dass der Glaube nicht einfach ein fertiger Dogmatismus ist, der das Suchen, den großen Durst des Menschen auslöscht, sondern dass er erst die große Pilgerschaft ins Unendliche bringt (…). Menschen im Suchen stützen als Mitsuchende und ihnen zugleich doch auch geben, dass Er uns gefunden hat und dass wir Ihn daher finden können."

Dialog im „Vorhof der Völker"

Im Vatikan hatte er Tag für Tag mit Gästen aus der Weltkirche zu tun, mit Bischöfen, Ordensschwestern, Berichterstattern aus Mexiko und von den Philippinen, von der Elfenbeinküste und aus dem Libanon. Was er dabei gelernt hatte, ließ er seine deutschen Zuhörer beim ersten Heimatbesuch im September 2006 wissen, auf dem Gelände der Neuen Messe München: „Die Völker Afrikas und Asiens", gab er hier zu bedenken, „bewundern zwar die technischen Leistungen des Westens und unsere Wissenschaft, aber sie erschrecken vor einer Art von Vernünftigkeit, die Gott total aus dem Blickfeld des Menschen ausgrenzt und dies für die höchste Art von Vernunft ansieht, die man auch ihren Kulturen beibringen will. Nicht im christlichen Glauben sehen sie die eigentliche Bedrohung ihrer Identität, sondern in der Verachtung Gottes und in dem Zynismus, der die Verspottung des Heiligen als Freiheitsrecht ansieht und Nutzen für zukünftige Erfolge der Forschung zum letzten Maßstab erhebt."

Hatte Benedikt bei solchen Statements eher glaubensstarke, traditionsverhaftete Muslime im Auge, so wandte er sich mit dem Projekt „Vorhof der Völker", das er gemeinsam mit seinem „Kulturminister" Gianfranco Ravasi entwickelte, an die distanzierten Liberalen, die mäßig interessierten Agnostiker, die enttäuschten Atheisten – Leute, die man früher Heiden genannt hätte. Bibelleser wissen, dass es im Tempel von Jerusalem, 70 n. Chr. zerstört, einen „Vorhof der Völker" gab, wo auch Nichtjuden zu dem einen Gott beten konnten, den sie ahnten und suchten und dem sie in dieser Suche bereits näher waren, als sie wussten. Einen solchen (geistigen) Raum wollte der Philosophenpapst auch jenen anbieten, die sich für die Gottesfrage interessieren, obwohl ihnen religiöse Praxis fremd und die übliche Angebotspalette der Pfarreien und der Klöster eher unheimlich ist. Einladung zur Information, zum Austausch, zur gemeinsamen Suche – keinesfalls umklammernde Mission und Mitgliederwerbung.

Das Projekt hatte ambitionierte Ziele, startete aber etwas hilflos, was schon an dem nicht sehr glücklich gewählten

Namen lag. Denn der „Vorhof der Völker“ lud die Nichtjuden zwar zum Beten ein, hielt sie aber gleichzeitig vom eigentlichen Tempelbezirk fern. Ein leises Minderwertigkeitsgefühl war vorprogrammiert. Das so schön angedachte gemeinsame Suchen musste spätestens dann an seine Grenze stoßen, wenn es um das Bild von Gott ging, um die Entscheidung zwischen einem irgendwie gefühlten „Göttlichen“ und einem personalen Gegenüber, um das Bekenntnis und dessen praktische Folgen. Oder würde es die Kirche, die an so viel Bescheidenheit nicht gewöhnt war, schaffen, hinter ihrer Botschaft zurückzutreten, demütig ihre Schätze zu präsentieren, leise von ihrem Glauben zu erzählen – und den Gesprächspartner dezent wieder gehen zu lassen?

Kardinal Ravasi suchte sich für den Probelauf des Projekts in Paris hochkarätige Verbündete: die Sorbonne, die Académie Française und die UNESCO. Man war überrascht, dass der Vatikan sofort auf Augenhöhe mit der Crème de la Crème des intellektuellen Frankreich agierte; man tadelte natürlich auch gleich das überaus hohe Niveau der Debatten in der Sorbonne, dem der geistige Normalverbraucher nicht habe folgen können (obwohl doch zahllose Pariser aller Altersgruppen in Zelten vor Notre Dame ebenfalls über Glauben und Nichtglauben diskutierten); bei einer Umfrage erklärten 55 Prozent der Franzosen, es sei ohnehin zu schwierig, von Gott sprechen zu wollen; und die Ortskirche war beleidigt, weil man sie kaum in die Vorbereitungen eingebunden hatte.

Aber die Gesprächsteilnehmer äußerten sich danach mehrheitlich hoch zufrieden. Schließlich stehe die Zukunft des Menschen auf dem Spiel, der Sinn seiner Existenz, sagte der Schriftsteller und Philosoph Fabrice Hadjadj: „Liegt die Größe des Menschen in der technischen Vereinfachung des Lebens, ist er eine Art Super-Tier, das man technisch noch etwas verbessern muss? (…) Oder liegt seine Größe nicht doch in seiner Zerrissenheit, in dieser Offenheit eines Schreis zum Himmel hinauf?"

Bezaubernd liebenswürdig – und doch manchmal menschenfern?

Warum wollte (oder konnte) die Welt solch sympathische Töne kaum hören? Warum wurde die sanfte Einladung als aufdringliche Mission wahrgenommen, das argumentative Statement als doktrinärer Posaunenstoß, der Gesprächsbeitrag als Einmischung? Warum handelte sich Benedikt so oft bitterböse Zeitungsschlagzeilen ein wie „Der Unbelehrbare. Ein Papst lässt die Deutschen vom Glauben abfallen" („Der Spiegel")? Warum hatte die immer besonders unabhängig, intelligent und hintersinnig sein wollende deutsche „taz" für den deutschen Papst von Anfang („Oh, mein Gott!") bis zum Ende seiner Amtszeit („Gott sei Dank", optisch angereichert durch zwei leere rote Schuhe) nur platte Häme übrig?

Es gibt verschiedene Erklärungen. Wahrheit als etwas Erstrebenswertes, Schönes, ja auch nur Denkbares und Mögliches zu bezeichnen, stört und irritiert in einer Zeit, in der die Menschen ihre mit Gift und Medikamenten angereicherten Lebensmittel aus Tierfabriken beziehen, ihre Feierabendlektüre nach Bestsellerlisten aussuchen, ihre politischen Vertreter per Stimmzettel abnicken und sich gleichzeitig Gott weiß wie aufgeklärt, freidenkerisch und emanzipiert fühlen. Wer von etwas redet, was gerade nicht angesagt ist, sondern ewig gelten soll, muss entweder verrückt sein oder ein Spielverderber.

Nächste Erklärung: Die Menschen haben in ihrer eigenen Lebensgeschichte (Familie, Kindergarten, Schule, Freundeskreis) oder im großen Maßstab (politische Kungelei, gesellschaftliche Missstände, mafiöse Strukturen im Vatikan) so niederschmetternde Erfahrungen mit Kirchenvertretern, Berufsfrommen oder bibelfesten Heuchlern gemacht, dass sie auch einem wahren Heiligen auf dem Papstthron oder in einem südamerikanischen Slum seine Ideale nicht mehr abnehmen würden.

Man kann die Resistenz gegenüber der „Vision Benedikt“ auch positiver sehen: Den Leuten ist das Hemd näher als der Rock. Das heißt, für die meisten Menschen sind konkrete Alltagsthemen wie der mit fünf Sonntagsmessen überlastete Pfarrer, die vom Tisch des Herrn ausgeschlossene, weil zum zweiten Mal verheiratete kreuzbrave Oma, die wegen Nachwuchsmangels das Pflegeheim in der Nachbarschaft verlassenden Ordensschwestern ungleich wichtiger als die wunderbaren päpstlichen Katechesen über Lebenssinn, Schöpfergott und Unendlichkeit.

Und die Botschaft von der Liebe, das Quasi-Dogma „Gott ist die Liebe“ in der programmatischen ersten Enzyklika (durchaus mit praktischen Nutzanwendungen für Caritas und soziale Gerechtigkeit), all die wunderschönen Predigten von dem Gott, der die Menschen aus Liebe geschaffen hat, sich aus Liebe von ihnen zu Tode schinden und ans Kreuz hängen ließ, dessen Liebe eine verrückte Kraft zum Leben schenkt und die Schwelle des Todes überwindet – man nahm sie der glanzlos gewordenen Kirche allgemein und diesem mit Engelszungen redenden Papst speziell nicht mehr ab. Man verglich die Idee mit der Realität, die strahlende Botschaft mit der armseligen Praxis, die Gesänge von der Liebe mit der alltäglichen Unbarmherzigkeit, und man brach den Stab über Kirchenbehörden, Seelsorgspersonal und Petrusamt.

Alleinerziehende, unverheiratet Zusammenlebende, Menschen aus gescheiterten Ehen, Homosexuelle, Priester und Nonnen, die sich unsterblich verliebt haben – für die Institution Kirche mögen sie eine sonderbare Minderheit sein und für viele in Ehren ergraute Hirten in Rom und in den Bischofsresidenzen der Welt ein Randthema. Für die aufmerksame Öffentlichkeit allerdings ist die Art, wie sie behandelt werden, die Probe aufs Exempel, was all die zauberschönen Worte von Güte und Liebe und Menschenwürde und Barmherzigkeit wirklich wert sind. Engagierten Christenfrauen, die der Kirche voll Tatendrang einen viel zu lange brach gelegenen Schatz weiblicher Glaubenskraft und Spiritualität anbieten, die nicht nur Kirchenputz und Telefondienst im Pfarrbüro machen, sondern Verantwortung übernehmen wollen, denen tut es bitter weh, wenn man sie bezichtigt, sie träumten doch nur von Macht und Karriere. Wobei die Pfarrherren und Exzellenzen stets behaupten, sie hätten gar keine Macht, sondern übten nur einen Dienst aus. Kaum bitten die Frauen aber freundlich darum, in diesen Dienst genommen zu werden, dankt man ihnen – in der Regel – nicht etwa für die Entlastung, sondern beschuldigt sie entrüstet, nach der Herrschaft zu greifen.

Einem gläubigen Christen, der zufällig von Geburt an homosexuell ist und seine Partnerschaft vor dem Angesicht Gottes anständig, verantwortungsbewusst und liebevoll zu leben versucht, tut es weh, wenn sich Kirchenbehörden für all das überhaupt nicht interessieren, wenn sie ihm höflich Mitgefühl und Achtung anbieten, seine Veranlagung aber gleichzeitig als Anomalie verdammen und eine mögliche rechtliche Gleichstellung mit der Ehe als vernunftwidrig und sozialschädlich einstufen (Kongregation für die Glaubenslehre 2003).

All die Reizthemen, von denen stark konservativ orientierte Amtsträger nichts mehr hören können – Zölibat, Umgang mit wiederverheirateten Geschiedenen, Empfängnisverhütung, Priesterweihe von Frauen –, sind für Millionen gläubiger, leidenschaftlich frommer, kirchentreuer Menschen alles andere als „Peanuts“, sondern existenzielle, lebenswichtige Fragen, an denen sie ihre Menschenwürde festmachen und ihre Erfahrung, in der Gemeinschaft der Christen erwünscht und geachtet zu sein – oder eben nicht.

Benedikt im Fegfeuer

Die Sonne, die nach dem herzzerreißenden langsamen Verdämmern des Woityła-Papstes mit Benedikts fröhlichen Predigten über Rom aufgegangen war, verschwand bald hinter den Wolken der Pannen und Skandale. Er muss es geahnt haben, dass ihm dieses Rom – seit Jahrhunderten und Jahrtausenden eine Anhäufung rivalisierender Machtzentren, eine Arena nie zur Ruhe kommender Bruder- und Bandenkriege, Eifersüchteleien und Intrigen – das Alter vergällen und die Lebenskraft nehmen würde. „Betet für mich, dass ich nicht furchtsam vor den Wölfen fliehe“, forderte er bei seiner Amtseinführung die Menschen am Petersplatz auf, es klang fast flehend.

„Wenn ihr einander beißt und zerreißt, dann gebt Acht, dass ihr euch nicht gegenseitig umbringt“, diese Mahnung aus dem Paulusbrief an die Galater (Gal 5, 15) zitierte er später in seinem Brief an die Bischöfe zum „Fall Williamson“ und fügte hinzu: „Aber leider gibt es das ‚Beißen und Zerreißen‘ auch heute in der Kirche als Zeichen einer schlecht verstandenen Freiheit.“ Und zwei Tage nach der Ankündigung seines Rücktritts, als er die letzte Messe in der Öffentlichkeit zelebrierte, sprach er unmissverständlich von „Individualismen und Rivalitäten“, von „Spaltungen“, die das Gesicht der Kirche verunstalteten, von „religiöser Scheinheiligkeit“ mit dem Beifall heischenden Geschick, „sich in Szene zu setzen“.

Hier offenbarte nicht nur der Mensch Joseph Ratzinger ungeschützt, als säße er einem Therapeuten gegenüber, seine verzagte Seele. Hier zeigte zugleich der scharfe Analytiker Benedikt, wie genau er nach 24 Amtsjahren als Chef einer vatikanischen Behörde das Hauen und Stechen innerhalb der Kurie kannte – und dass er sich hier in der Herzkammer der katholischen Weltkirche, die fromme Schwärmer gern mit dem Vorhof des Himmels verwechseln, bisweilen wie im Fegfeuer gefühlt haben muss.

„Der Papst soll auf seine Kehle aufpassen!"

Der Papst ist – unabhängig von seinem persönlichen Charme oder Verhalten – zwangsläufig der Sündenbock, wenn eine Institution, die einen derart himmelstürmenden moralischen, ethischen, spirituellen Anspruch erhebt wie die römisch-katholische Kirche, an ihrer eigenen Realität (und noch mehr an deren oft fragwürdiger öffentlicher Wahrnehmung) scheitert. Und dann noch dieser liebenswürdige alte Herr, zu dessen Talenten nicht unbedingt Menschenführung und Politik gehörten! Dass Benedikt XVI. als Papst ein Denker geblieben und kein Macher geworden ist, kann man ihm schwerlich ankreiden; der Vorwurf müsste sich an die richten, die ihn gewählt haben.

Der erste Ausrutscher passierte scheinbar im geschützten Raum akademischer Diskussion, in Wirklichkeit aber vor den Augen der Welt. Versteckt in einer wunderbaren Rede über den vernünftigen Wurzelboden der Religion und die wünschenswerte Offenheit der Vernunft für religiöse Fragestellungen, präsentierte der Papst 2006 als Gastredner an seiner alten Universität Regensburg mit typisch professoraler Freude ein Fundstück aus einem Dialog des 14. Jahrhunderts. Ein byzantinischer Kaiser namens Manuel II. Palaeologos wirft seinem Gesprächspartner – einem gebildeten persischen Muslim – die boshafte Frage an den Kopf: „Zeig mir doch, was Mohammed Neues gebracht hat, und da wirst du nur Schlechtes und Inhumanes finden wie dies, das er vorgeschrieben hat, den Glauben, den er predigte,

Regensburg-Süd: Dort, wo damals die Altarinsel stand, erinnert heute ein mächtiges Kreuz an den Papstbesuch im Jahr 2006.

durch das Schwert zu verbreiten.“ Eine historische Miniatur, wie sie Wissenschaftler lieben, ein Sätzchen aus einem um 1391 stattgefundenen Streitgespräch zwischen zwei Intellektuellen, angriffslustig, zugespitzt, mit Zügen einer Karikatur, wie es solche Diskussionen an sich haben. Worauf Benedikt hinaus wollte, war im Zusammenhang der breit ausladenden Vorlesung völlig klar: Glaubensverkündigung per Gewalt ist widersinnig, missionarischer Zwang widerspricht der Vernunft (und der byzantinische Kaiser war der Meinung, der Islam sei nicht an die Vernunft gebunden wie der christliche Glaube mit seinen Wurzeln in der griechischen Philosophie).

Genauso kritisch hätte der Papst über mordlustige christliche Kreuzritter reden können, die sich bekanntlich um das Gottesgeschenk der Vernunft genauso wenig scherten wie um das Friedensgebot des Evangeliums. Tat er aber nicht, und als seine akademischen Gedankengänge ein kirchenpolitisches Erdbeben auslösten und Muslime in aller Welt sich beleidigt fühlten, fiel er aus allen Wolken; das hatte er natürlich nicht gewollt. Und keine Sekunde daran gedacht, was ein aus dem Zusammenhang gerissenes Zitat als Schlagzeile irgendeiner Boulevardzeitung anrichten kann. „Der Papst soll auf seine Kehle aufpassen!", stand in radikalen islamischen Internetforen zu lesen. Mancherorts brannten Kirchen, und in Mogadischu wurde die Ordensschwester Leonella Sgorbati ermordet.

Er sei sich nicht bewusst gewesen, „dass man eine Papstrede nicht akademisch, sondern politisch liest", stellte er vier Jahre später reumütig fest. Damals nach dem Regensburger Lapsus hatte er sich nach Kräften um Wiedergutmachung bemüht: Beim Angelusgebet versuchte er öffentlich das Missverständnis auszuräumen, in der Blauen Moschee von Istanbul betete er andächtig – mit Blick nach Mekka –, ein Gesprächsangebot von 138 Islamgelehrten griff er begeistert auf.

Aber wäre die Katastrophe nicht vermeidbar gewesen? Warum hat ihn denn niemand gewarnt, den Philosophen im Apostolischen Palast, der sich zugegebenermaßen abschottete, nur wenigen Mitarbeitern wirklich vertraute, der als beratungsresistent galt und Reden von politischer Brisanz nicht grundsätzlich von Experten gegenlesen und korrigieren ließ, wie es Johannes Paul II. getan hatte?

Angeblich hat der damals gerade aus dem Amt scheidende Kardinalstaatssekretär Angelo Sodano, ein versierter Diplomat, den vorbereiteten Text zu Gesicht bekommen und den Papst auf mögliche Missverständnisse hingewiesen. Angeblich haben amerikanische Journalisten Benedikts Pressesprecher Lombardi rechtzeitig auf den Fauxpas aufmerksam gemacht, als sie das Manuskript auf dem Flug nach Regensburg bekamen. Alles umsonst.

Gescheiterte Versöhnung mit den Ultras

Zu diesem Zeitpunkt hatte sich der für seine anfängliche Offenheit bejubelte Papst bereits wieder den Ruf einer erzkonservativen Gallionsfigur erworben. Im Juli 2007 hatte er mit seinem Motu proprio (so heißt ein päpstliches Sendschreiben „auf eigenes Begehren“) „Summorum Pontificum“ den vom Zweiten Vatikanischen Konzil auf das Altenteil verwiesenen Messritus des 16. Jahrhunderts als „außerordentliche Form“ der Gottesdienstfeier wieder zugelassen. Wobei man sagen muss, dass die nach dem Konzil von Trient benannte „Tridentinische Messe“ – durchgehend lateinische Sprache, Zelebration mit dem Rücken zum „Volk“, bis ins Kleinste festgelegte Texte und Rituale, mehr Opferritus als Mahlfeier, keine Handkommunion, kein Friedensgruß innerhalb der Gemeinde – nie verboten war, der zuständige Ortsbischof musste ihre Feier allerdings ausdrücklich genehmigen. Was jetzt nicht mehr nötig ist, im Gegenteil: Der Bischof, im Weigerungsfall sogar die römischen Instanzen müssen den Anhängern der „alten Messe“ Möglichkeiten schaffen, Gottesdienst nach ihrem Frömmigkeitsempfinden zu feiern.

Zunächst einmal war das eine schöne Geste. Seit der französische Erzbischof und erbitterte Konzilsgegner Marcel Lefebvre 1976 gegen das römische Veto zum ersten Mal

Priester geweiht und 1988 vier Bischöfe eingesetzt hatte, litt Kardinal Ratzinger unter der faktischen Kirchenspaltung. Als Präfekt der Glaubenskongregation hatte er ebenso geduldig wie vergeblich mit dem sturen Franzosen verhandelt. Jetzt versuchte er den „Traditionalisten“ zu beweisen, dass er ihre inneren Nöte ernst nahm und sie aus dem Schattendasein herausholen wollte.

Außerdem war der Ästhet und Freund einer klassischen Formensprache selbst nicht sehr glücklich mit der praktischen Umsetzung der konziliaren Liturgiereform. „Selbstgebastelte“ Gottesdienste mit frei formulierten Gebetstexten, Dialogelementen, rockiger Musik und freundlicher Verabschiedung der Kirchenbesucher am Portal waren ihm von jeher ein Gräuel. Deshalb verstand er das Versöhnungssignal an die Adresse der ultrakonservativen Glaubensbrüder auch als Einladung zu einem fruchtbaren Wettstreit der Frömmigkeitsstile und zur neuen Ehrfurcht vor dem Gewachsenen, Erprobten, Kulturen und Sprachen Verbindenden.

Wenig davon ging in Erfüllung. Das Interesse an den neu geschaffenen Möglichkeiten war gering, und manche Bischofskonferenzen legten sich quer. Die Nostalgiker, die von der Schönheit und Feierlichkeit des alten Ritus schwärmen, mussten sich an die triste Realität gemurmelter Formeln, falsch aufgesagten Ministrantenlateins und hastig heruntergerasselter Messen erinnern lassen – und an das unablässige Rosenkranzgeklapper der alten Weiblein, die von der heiligen Handlung kein Wort verstanden. Vor allem aber dachten die für ihren Widerstand belohnten Traditionalisten nicht daran, Benedikts ausgestreckte Hand zu ergreifen. In Deutschland beschwor die „Priesterbruderschaft St. Pius X.“ ihre Anhänger, sich ja nicht als ein weiteres Grüppchen in das „freimaurerische“, „liberale“, „modernistische“, „pluralistische“ Miteinander von Konfessionen und Religionen „integrieren“ zu lassen; der neue Messritus sei „illegitim", und von einer gegenseitigen Befruchtung der Messformen könne keine Rede sein.

Es geht den Katholiken vom ganz rechten Rand ja keineswegs nur um das Latein in der Messe und die Erhaltung lieb gewordener Andachtsformen. Von der Ökumene bis zur Religionsfreiheit, von der Versöhnung mit der Demokratie bis zur Öffnung kirchlicher Ämter für Laien oder gar Frauen lehnen sie kategorisch alles ab, was in der Kirche nach Neuaufbruch schmeckt; in allererster Linie lehnen sie das Zweite Vatikanische Konzil ab. Wo will man die mittlerweile fast 600 Priester der Piusbruderschaft nach einer etwaigen Einigung denn einsetzen?

„Wir haben absolut nichts von diesem Williamson gewusst"

In vielen Niederlassungen der Lefebvre-Bewegung hängen heute noch die Bilder von Papst Pius XII. († 1958), als sei die Zeit stehen geblieben. Doch im Dezember 2009 geht im Vatikan plötzlich ein Brief des Generaloberen der Priesterbruderschaft, Bernard Fellay, ein, der zu den vier nach ihrer illegalen Weihe exkommunizierten Bischöfen gehört: Man unterwerfe sich der päpstlichen Autorität und wolle eifrig für die römisch-katholische Kirche arbeiten.

Papst Benedikt hat gar keine Wahl: Er muss Fellays Bitte erfüllen und die 1988 wegen eines Verstoßes gegen eben diese Autorität verhängte Exkommunikation aufheben, so ist es im Kirchenrecht vorgesehen. Natürlich versteht kein Mensch, warum die Anerkennung der päpstlichen Autorität nicht auch das von den Traditionalisten konstant verweigerte Ja zum Konzil einschließen soll. Natürlich wird die Rücknahme der Exkommunikation nicht als barmherzige Geste eines besorgten Hirten verstanden, sondern als

Verbeugung eines heimlichen Gesinnungsgenossen vor den Feinden einer „modernen" Kirche.

Und dann wird aus dem missverständlichen kirchenjuristischen Akt – durch eine Kette unglaublicher Kommunikationspannen und behördlicher Fehlleistungen – der „Fall Williamson", der die ganze Christenheit in Aufregung versetzt und das Verhältnis zwischen Katholiken und Juden nachhaltig zu belasten droht. Der Brite Richard Williamson, konvertierter Anglikaner, Literaturdozent mit Abschluss in Cambridge, später Seminarregens in den USA und Argentinien, ein knorriger Einzelgänger mit oft skurrilen Ansichten, ist einer der vier von Lefebvre geweihten und jetzt wieder in Gnaden aufgenommenen Bischöfe. Am 21. Januar 2009 strahlt das schwedische Fernsehen ein Interview aus, in dem Williamson die Zahl der von den Nazis getöteten Juden bezweifelt und die Existenz von Gaskammern leugnet. Am 24. Januar verbreitet der Vatikan die Nachricht von der Aufhebung der Exkommunikation.

In der Weltpresse gibt es nur eine Schlagzeile: Deutscher Papst rehabilitiert Holocaust-Leugner! Nicht nur in Israel ist man entsetzt. Sogar die Bundeskanzlerin verlangt vom Papst eine „Klarstellung". Nur im Vatikan versteht man die ganze Aufregung wieder einmal nicht. Weiß denn nicht jeder, was Benedikt über Juden und Judenverfolger denkt? Spielte das Gespräch mit der jüdischen Theologie und Bibelauslegung nicht immer schon eine wichtige Rolle für den Wissenschaftler Ratzinger? Hat er nicht seinen allerersten Brief als Papst an den einstigen römischen Oberrabbiner Elio Toaff geschrieben, mit Glückwünschen zu dessen 90. Geburtstag und einem schönen Psalmzitat? Hat er nicht 2006 in Auschwitz erklärt, mit der Zerstörung des Judentums habe man „die Wurzel" ausreißen wollen, „auf der der christliche Glaube beruht"? Wer ist denn dieser Williamson überhaupt? Muss man im Vatikan über jedes Interview eines der fast 4800 Bischöfe auf der Welt informiert sein – zumal eines Bischofs, der bis vor wenigen Tagen nicht zur Gemeinschaft der römisch-katholischen Kirche gehört hat?

Die römische Zentrale geht zur Tagesordnung über. Am 25. Januar hält Papst Benedikt seine sonntägliche Angelus-Ansprache – bei der er zwei von Kindern mitgebrachte Friedenstauben gen Himmel flattern lässt – und beendet in der Basilika San Paolo fuori le mura die alljährliche Gebetswoche für die Einheit der Christen, ohne ein Wort zum Wirbel um Williamson zu verlieren. Für den 29. Januar ist eine Pressekonferenz geplant – Thema: die vatikanischen Initiativen zum Jahr der Astronomie. Der „Fall Williamson" steht nicht auf dem Programm.

Doch tags zuvor, am 28. Januar, hat der Papst endlich etwas gesagt, am Ende der wöchentlichen Generalaudienz: Die Aufhebung der Exkommunikation der von Lefebvre geweihten Bischöfe sei ein „Akt der väterlichen Barmherzigkeit" gewesen, und er erwarte jetzt die „notwendigen Schritte" zur vollen Kircheneinheit von der anderen Seite. Und dann erneuert er seine „volle und unbestreitbare Solidarität mit unseren Brüdern, den Trägern des ersten Bundes", nennt die Shoah eine bleibende Mahnung „gegen die Leugnung oder die Verharmlosung" und ruft aus: „Die Würde des Menschen darf nie wieder von der Gewalt erniedrigt werden!"

Während Leitartikler, Fernsehkommentatoren, jüdische Organisationen, Bischofskonferenzen Aufklärung fordern, während bekannt wird, dass Williamson schon früher durch antisemitische Äußerungen aufgefallen ist, dass er Papst Benedikt einen Irrlehrer, „schlimmer" als Luther, genannt und sein Gebet in der Moschee in Istanbul als „schwere Sünde gegen den katholischen Glauben" verdammt hat, während sich die Piusbruderschaft in halbherzigen Distanzierungen versucht, dringt die Wahrheit ans Tageslicht, in Andeutungen, dezenten Hinweisen, winzigen Informationsbrocken.

Die Wahrheit klingt unglaublich: Während die Publikation des Dekrets mit der Aufhebung der Exkommunikation vorbereitet wurde, machte in verschiedenen Kurienbüros, auch im Umfeld des Staatssekretariats, die Nachricht von dem skandalösen Fernsehauftritt die Runde. Doch niemand kam auf die Idee, die Veröffentlichung des Dekrets zu stoppen, die Vergangenheit dieses sonderbaren Bischofs zu recherchieren – und vor allem die Chefetage zu informieren, wie es in einem modernen Konzern heißen würde. Ins Zwielicht gerät vor allem Kardinal Darío Castrillón Hoyos, Speerspitze der konservativen lateinamerikanischen Fraktion an der Kurie. In seiner Heimat Kolumbien kämpfte er mutig gegen die Drogenbarone – und die Befreiungstheologie.

Hoyos hat als Präsident der Kommission „Ecclesia Dei" im päpstlichen Auftrag mit den Traditionalisten verhandelt und die Aufhebung der Exkommunikation vorbereitet. „Wir haben immer mit diesem Monseigneur Fellay gesprochen und bis zuletzt absolut nichts von diesem Williamson gewusst", behauptet er verzweifelt. „Ich denke, niemand hatte davon Kenntnis." Doch schon am 19. Januar, fünf Tage vor der Publikation des vatikanischen Dekrets, hat der „Spiegel" auf seiner Website Auszüge aus dem Williamson-Interview veröffentlicht, am 21. Januar strahlt das schwedische Fernsehen das vollständige Gespräch aus, am 22. Januar verbreitet die katholische italienische Nachrichtenagentur ASCA alle wichtigen Passagen.

Man habe nichts von Williamson gewusst? Von einem der vier Bischöfe, über deren kirchenrechtlichen Status monatelang verhandelt worden war? Im Vatikan, wo über jeden Theologen, der einmal einen nicht ganz linientreuen Aufsatz veröffentlicht hat, ein präzises Dossier liegt? Im Büro Hoyos, der als passionierter Internetnutzer bekannt ist?

Dann wird auch noch das Protokoll eines „Gipfelgesprächs“ im Apostolischen Palast bekannt, an dem neben Hoyos und Kardinalstaatssekretär Bertone unter anderem die Präfekten der Glaubenskongregation, Kardinal Levada, der Bischofskongregation, Kardinal Re, und der Kleruskongregation, Kardinal Hummes, teilgenommen haben. Sie tagen am späten Nachmittag des 22. Januar zweieinhalb Stunden lang, sprechen in aller Ausführlichkeit über die Frage, ob dem Dekret über die Aufhebung der Exkommunikation eine klärende kirchenjuristische Note beizugeben ist, ob von den vier Bischöfen noch eine eingehende Klarstellung ihres Verhältnisses zur Kirchenleitung zu verlangen sei – alles nicht nötig, der Papst hat ja auch keine Bedingungen gestellt –, und ob man der Öffentlichkeit die pikante Sache erläutern solle, etwa im Rahmen einer Pressekonferenz.

Auch das hält niemand für nötig. Es hat auch niemand daran gedacht, den Pressesprecher Lombardi zu dem Gespräch beizuziehen oder ihn auch nur nachträglich zu informieren. „Die Sitzung wurde um 19.50 Uhr mit einem Gebet beschlossen“, vermerkt das Protokoll minuziös. Der Name Williamson, dessen unselige Geschichtslügen die italienische katholische Nachrichtenagentur am Vormittag aufgedeckt hat, kommt in dem Dokument – und höchstwahrscheinlich auch in dem Gespräch – kein einziges Mal vor.

Man hat von dem Interview gewusst – und nichts getan. Man hat die katastrophalen Folgen entweder falsch eingeschätzt, oder man hat den Papst, aus welchen Interessen auch immer, ins offene Messer laufen lassen. Zu allem Überfluss liegt der Treueste der Treuen, Benedikts Privatsekretär Georg Gänswein, mit einer fürchterlichen Grippe darnieder, ohne Zeitung oder Mails lesen zu können. Es nützt nichts mehr, dass der Pressesprecher Lombardi in den nächsten Tagen offen Kritik an Kardinal Hoyos übt – ein unerhörter

Vorgang für vatikanische Verhältnisse –, um den Papst aus der Schusslinie zu nehmen. Es nützt nichts, dass andere Kardinäle über den „Stümper“ Hoyos herfallen.

Und der Papst? Er entlässt nicht etwa die Kurienbeamten und Dezernatchefs, die ihn vor aller Welt bis auf die Knochen blamiert haben. Viel später, im Gespräch mit Peter Seewald, widerspricht er den Teilnehmern jener Konferenz im Apostolischen Palast: „Von unserer Seite wurde leider schlechte Öffentlichkeitsarbeit geleistet“; es hätte erklärt werden müssen, warum die Bischöfe exkommuniziert gewesen seien und warum man sie jetzt „schon aus rein rechtlichen Gründen“ davon losgesprochen habe. „Zu allem Übel kam dann auch noch der Super-GAU mit Williamson hinzu, den wir leider nicht vorhergesehen hatten (…). Aber leider hat niemand bei uns im Internet nachgeschaut und wahrgenommen, um wen es sich hier handelt. (…) Aber im Nachhinein ist man natürlich immer klüger.“ Doch zunächst einmal stellt sich Benedikt mannhaft vor seine dilettantischen Mitarbeiter – und gibt den Herren dieser Welt damit wieder einmal ein provozierendes Beispiel, ganz leise, wie es seine Art ist.

Er tut es in einem schmerzhaft persönlichen Brief an sämtliche Bischöfe der Weltkirche. Aus heutiger Sicht gehört dieses Schreiben zu seinem kostbaren Vermächtnis und zu den kleinen, gern übersehenen revolutionären, vielleicht sogar rebellischen Akten seines Pontifikats. Denn so emotional, ehrlich, demütig, fast intim hat noch kaum ein Papst seine Seele geöffnet. Streit und Zerwürfnis zwischen Glaubenden stelle die Rede von Gott in Frage, und wer Gott als Liebe verkünde, müsse die Versöhnung und den Frieden suchen, gibt er zu bedenken.

Und fragt: „Kann es ganz falsch sein, sich um die Lösung von Verkrampfungen und Verengungen zu bemühen und dem Raum zu geben, was sich an Positivem findet und sich ins Ganze einfügen lässt?“ Könne man eine Gemeinschaft mit (damals) 491 Priestern, 215 Seminaristen, 88 Schulen „beruhigt von der Kirche wegtreiben lassen"? Das Motivationsgeflecht der hier Arbeitenden kenne man natürlich nicht. „Aber ich denke, dass sie sich nicht für das Priestertum entschieden hätten, wenn nicht neben manchem Schiefen oder Kranken die Liebe zu Christus da gewesen wäre und der Wille, ihn und mit ihm den lebendigen Gott zu verkünden. Sollen wir sie einfach als Vertreter einer radikalen Randgruppe aus der Suche nach Versöhnung und Einheit ausschalten? Was wird dann werden?"

Also die Hirtensorge um die in die Irre Gegangenen und die Angst vor dem Schisma, der endgültigen Kirchenspaltung, als Motivation. „Eine für mich nicht vorhersehbare Panne", so Benedikt in einem ungeschminkten Stil, den man aus Vatikandokumenten nicht kennt, „bestand darin, dass die Aufhebung der Exkommunikation überlagert wurde von dem Fall Williamson. Der leise Gestus der Barmherzigkeit gegenüber vier gültig, aber nicht rechtmäßig geweihten Bischöfen erschien plötzlich als etwas ganz anderes: als Absage an die christlich-jüdische Versöhnung, als Rücknahme dessen, was das Konzil in dieser Sache zum Weg der Kirche erklärt hat."

Und dann spricht wieder der andere Benedikt, der nicht recht begreift, was aus seinen schönen Absichten und hohen Idealen im Alltagsgeschäft der Intrigen, kirchenpolitischen Interessen und mediengerechten Verkürzungen geworden ist und warum man ihn für etwas verdammt, was er so gut gemeint hat: „Ich höre, dass aufmerksames Verfolgen der im Internet zugänglichen Nachrichten es ermöglicht hätte, rechtzeitig von dem Problem Kenntnis zu erhalten. Ich lerne daraus, dass wir beim Heiligen Stuhl auf diese Nachrichtenquelle in Zukunft aufmerksamer achten müssen." So viel verträumte Ehrlichkeit ist entwaffnend. Man möchte den alten Gelehrten, der offensichtlich wirklich nichts gewusst, nichts geahnt hat, zärtlich in die Arme schließen.

Und dann geht es unvermittelt weiter: „Betrübt hat mich, dass auch Katholiken, die es eigentlich besser wissen konnten, mit sprungbereiter Feindseligkeit auf mich einschlagen zu müssen glaubten.“ Und: „Manchmal hat man den Eindruck, dass unsere Gesellschaft wenigstens eine Gruppe benötigt, der gegenüber es keine Toleranz zu geben braucht; auf die man ruhig mit Hass losgehen darf. Und wer sie anzurühren wagte – in diesem Fall der Papst –, ging auch selber des Rechts auf Toleranz verlustig und durfte ohne Scheu und Zurückhaltung ebenfalls mit Hass bedacht werden.“

Benedikt XVI. beschwert sich, verständlich und nicht zu Unrecht, darüber, dass man seine ausgestreckte Hand als Kumpanei mit frommen Antidemokraten und Antisemiten missinterpretiert hat – und liefert im selben Atemzug, wohl ohne es zu merken, genau diesen Schulterschluss mit den Ultras in der gemeinsamen Schmollecke.

Pannen über Pannen

In der Folgezeit tritt der Philosophenpapst in immer mehr Fettnäpfe, und es gibt offenbar auch Leute, die ihm welche bereitstellen. Schon an der Jahreswende 2006/07 blamierte sich Rom mit der Nachfolgeregelung für den prominenten Warschauer Erzbischof Józef Glemp. Papst Benedikt ernannte den 68-jährigen Stanisław Wojciech Wielgus, den er als langjährigen Rektor der katholischen Universität Lublin und Spezialisten für mittelalterliche Philosophie schätzte. Doch drei Tage vor der geplanten feierlichen Amtsübernahme in Warschau kommt heraus, dass Wielgus zwei Jahrzehnte lang mit dem kommunistischen Geheimdienst zusammengearbeitet hat – um ein Stipendium an der Universität München und die Genehmigung zu Auslandsreisen zu bekommen.

Wielgus schwört hoch und heilig, dass er niemanden denunziert und sich bemüht habe, die Sicherheitsbehörden an der Nase herumzuführen. Allein durch seine Verstrickung in das staatliche Spitzelsystem und durch sein anfängliches Leugnen hat er der Kirche allerdings offensichtlich schwer geschadet. Am Samstag vor dem Antrittsgottesdienst befiehlt der Papst Wielgus den Rückzug, am Sonntagvormittag macht die Apostolische Nuntiatur in Polen die Entscheidung publik, eine halbe Stunde vor Gottesdienstbeginn. Kardinal Glemp wird der Menge in der Warschauer Kathedrale in einer Stegreifpredigt die Lage erklären.

Papst Benedikt hat schnell und sicher entschieden. Aber alle fragen sich, warum der Nuntius nicht rechtzeitig vor der Ernennung beim „Institut für nationales Gedenken" nachrecherchiert hat, wo es 240 000 Dossiers über Informanten und ausspionierte Opfer gibt, warum die vatikanische Bischofskongregation nicht gründlicher gearbeitet und der erst kurz zuvor ernannte neue Kardinalstaatssekretär Bertone nicht besser aufgepasst hat. Denn die Kontakte von Bischöfen und Priestern zum Geheimdienst während der kommunistischen Herrschaft sind in Warschau und Rom gerade ein brisantes Thema gewesen.

Im selben Jahr tobt in Italien ein Pressekrieg, an dem der Vatikan nicht unbeteiligt ist – und wieder weiß die eine Hand dort offenbar nicht, was die andere tut: Die Tageszeitung „Avvenire", das Sprachrohr der italienischen Bischöfe, ist so mutig, einen Feldzug gegen die private Sexualmoral des allmächtigen Ministerpräsidenten Silvio Berlusconi zu beginnen. In Leitartikeln wird ein „maßvoller Lebensstil" angemahnt, wie er der „Seele" des Landes entspreche. Der Vatikan scheint die kritischen Töne gegenüber dem Skandalpolitiker zu billigen: Kardinal Bertone sagt ein im Erdbebengebiet der Abruzzen geplantes Essen mit Berlusconi ab.

Doch schon hat der Ministerpräsident, dem der Löwenanteil der italienischen Medien gehört, den Fehdehandschuh aufgenommen: In der Konkurrenzzeitung „Il Giornale“, verlegt von seinem Bruder Paolo, erscheinen groß aufgemachte Enthüllungen über Dino Boffo, den Chefredakteur des „Avvenire“, der wegen homosexueller Eskapaden unter polizeilicher Beobachtung stehe – eine glatte Fälschung, wie der Innenminister verlauten lässt, und eine unappetitliche Sache. Die italienische Bischofskonferenz, deren Vorsitzender Bagnasco, Kardinal Bertone – alle sprechen Boffo zunächst ihr Vertrauen aus. Doch dann fällt der Chefredakteur des „Osservatore Romano“ dem katholischen Kollegen in den Rücken – man habe aus guten Gründen nie etwas über Berlusconis Privatangelegenheiten geschrieben, und der „Avvenire“ sei ohnehin zu regierungskritisch –, der Papst fordert bei Bagnasco genauere Informationen an, und zwei Tage später stellt Boffo sein Amt als Chefredakteur zur Verfügung. Benedikt XVI. trifft bald darauf Berlusconi am Flughafen und drückt ihm freundlich die Hand.

Was da alles genau geschehen ist, wird sich wohl nie rekonstruieren lassen, aber Boffos verzweifelte Briefe an Benedikts Privatsekretär Gänswein und an den Vorsitzenden der Bischofskonferenz, Bagnasco, sprechen Bände – wenn die Dokumente echt sind, die der Mailänder Journalist Gianluigi Nuzzi 2012 veröffentlicht hat. Boffo beschuldigt Kardinalstaatssekretär Bertone, an der Rufmordkampagne beteiligt gewesen zu sein, er erhebt schlimme Vorwürfe gegen die Vatikanzeitung „L'Osservatore Romano“, macht eine Berlusconi-Fraktion an der Kurie aus und spekuliert über Machtkämpfe zwischen Bertone und Bagnasco.

Auschwitz: „Wo war Gott in jenen Tagen?“

Pannen über Pannen, die das Fehlen von Koordinations- und Kommunikationsmechanismen im Vatikan, die Überforderung des ebenso dilettantisch wie diktatorisch regierenden neuen Kardinalstaatssekretärs Bertone – und die Führungsschwäche des „Chefs" offenbaren. Auch auf seinen zahlreichen Reisen, denen er sich nach dem Vorbild des Vorgängers tapfer unterzieht, zeigt sich, wie fantastisch er den großen ideenmäßigen Wurf beherrscht – und wie hilflos er manchmal agiert, wenn es um political correctness oder Animositäten aus einer langen Unterdrückungs- und Eroberungsgeschichte geht.

2006 besucht er Polen, das seine Landsleute 1939 überfallen und verwüstet haben, und am Ende Auschwitz, wo sie mindestens eine Million Menschen ermordeten. Allein, wortlos, mit gefalteten Händen und starrem Blick schreitet er durch das Tor des Vernichtungslagers mit der zynischen Aufschrift „Arbeit macht frei". Langsam geht er die Lagerstraße entlang bis zum Todesblock, wo 32 Auschwitz-Überlebende auf ihn warten, teilweise in Häftlingskleidung. Mit jedem einzelnen spricht er. Einer Frau, der die Tränen in den Augen stehen, streichelt er tröstend übers Gesicht. Den greisen Henryk Mandelbaum, der damals in einem Sonderkommando in den Krematorien bei der Verbrennung der Leichen arbeiten musste, küsst er sanft auf beide Wangen.

Benedikt betet schweigend am Mahnmal für die Ermordeten, verweilt an den Gedenktafeln für die toten Juden, Russen, Polen, Roma und Deutschen. Erst ganz am Ende seines Besuchs, als die jüdischen Sterbegesänge und die von Geistlichen der verschiedenen Konfessionen und Religionen vorgetragenen Fürbitten verhallt sind, beginnt er seine Ansprache, die in der internationalen Presse ein großes Echo findet und in der manche Beobachter doch wichtige Bausteine vermissen.

„Wo war Gott in jenen Tagen?", fragt er, ratlos wie jeder Mensch an dieser Stätte, ganz ohne Dogmatik und Trostkonstrukte. „Warum hat er geschwiegen?" Er zitiert Psalm 44, die Klage des leidenden Volkes Israel: „Du hast uns verstoßen an den Ort der Schakale und uns bedeckt mit Finsternis (…). Wach auf, warum schläfst du, Herr?"

„Ich konnte unmöglich nicht hierher kommen", sagt er, als Deutscher und Nachfolger des polnischen Papstes. Und legt ein verklausuliertes Schuldbekenntnis ab, das zu den bekannten Verdrängungsmechanismen der Nachkriegszeit passt, aber kaum zum sonstigen Niveau seines Umgangs mit persönlicher Sünde und historischer Schuld: Er stehe hier als Sohn des deutschen Volkes, „über das eine Schar von Verbrechern mit lügnerischen Versprechungen, mit der Verheißung der Größe, des Wiedererstehens der Ehre der Nation und ihrer Bedeutung, mit der Verheißung des Wohlergehens und auch mit Terror und Einschüchterung Macht gewonnen hatte, so dass unser Volk zum Instrument ihrer Wut des Zerstörens und des Herrschens gebraucht und missbraucht werden konnte." Das Volk der Täter als Opfer einer kleinen Clique? Die Entscheidung für den Nationalsozialismus als Ergebnis von Einschüchterung und Hypnose? Eine allzu einfache Erklärung, welche die Ursachen des Holocaust verharmlose, wie der Vorsitzende des Dachverbandes der jüdischen Gemeinden Italiens, Claudio Morpugo, feststellt.

„Einige von Euch haben furchtbar versagt"

Über den Missbrauchsskandal könnte man ein ganzes Buch schreiben, oder auch drei oder zehn. Allein der 2009 veröffentlichte irische „Ryan Report" über die Zustände in Ordensschulen und -internaten innerhalb der letzten 50 Jahre umfasst fast 2600 Seiten. Zu sagen, Papst Benedikt habe das Problem nur geerbt, wäre nicht ganz richtig, denn zum einen wurden die lange verdrängten Scheußlichkeiten einer finsteren Vergangenheit erst in seiner Ägide publik, zum anderen hatte er bereits in seiner Zeit als Präfekt der

Glaubenskongregation mit etlichen schlimmen Fällen zu tun. Im Wesentlichen hat er dabei eine gute Figur gemacht und klare Kante gezeigt. Das an der Kurie herrschende Informations- und Kompetenzenchaos wird allerdings auch hier sichtbar.

Der nach Richter Sean Ryan benannte Report listet an die 2500 Fälle von Misshandlungen, harten Prügelstrafen, psychischer Gewalt und (zum kleineren Teil) sexuellem Missbrauch in irischen Ordenseinrichtungen auf. Weitere Studien folgen. Als klar wird, dass nicht nur die staatlichen Behörden oft genug beide Augen zugedrückt, sondern auch die Ordensvorgesetzten und die Bischöfe Taten vertuscht und Täter gedeckt haben, um den Leumund der Kirche zu retten, bestellt Benedikt 24 irische Bischöfe nach Rom, im Februar 2010.

Nach diesem Treffen schreibt er der Kirche Irlands: „Es kann nicht geleugnet werden, dass einige von Euch und von Euren Vorgängern bei der Anwendung der seit langem bestehenden Vorschriften des Kirchenrechts zu sexuellem Missbrauch von Kindern bisweilen furchtbar versagt haben. Schwere Fehler sind bei der Aufarbeitung von Vorwürfen gemacht worden. (…) Ich rufe Euch auf, neben der vollständigen Umsetzung der Normen des Kirchenrechts im Umgang mit Fällen von Kindesmissbrauch weiter mit den staatlichen Behörden in ihrem Zuständigkeitsbereich zusammenzuarbeiten. (…) Nur entschiedenes Vorgehen, das in vollkommener Ehrlichkeit und Transparenz erfolgt, werden den Respekt und das Wohlwollen des irischen Volks gegenüber der Kirche, der wir unser Leben geweiht haben, wiederherstellen."

Den Tätern schreibt er ins Gewissen, sie müssten sich „vor dem allmächtigen Gott und vor den zuständigen Gerichten verantworten". Den Opfern versichert er auf eine klare und gleichzeitig sensible Weise, wie man es lange nicht von kirchlichen Amtsträgern gehört hat: „I'm truely sorry. Ihr habt schrecklich gelitten, und das tut mir aufrichtig leid. Ich weiß, dass nichts das von Euch Erlittene ungeschehen machen kann. Euer Vertrauen wurde missbraucht und Eure Würde wurde verletzt. Viele von Euch mussten erfahren, dass Euch niemand zugehört hat, als Ihr den Mut gefunden habt, über das zu sprechen, was Euch zugestoßen ist. Diejenigen von Euch, die in Heimen und Internaten missbraucht wurden, müssen gefühlt haben, dass es kein Entkommen aus Eurem Leid gab. Es ist verständlich, dass es schwer für Euch ist zu vergeben oder sich mit der Kirche zu versöhnen. Im Namen der Kirche drücke ich offen die Scham und die Reue aus, die wir alle empfinden. Zugleich bitte ich Euch, die Hoffnung nicht aufzugeben. In der Gemeinschaft der Kirche begegnen wir der Person Jesu Christi, der selbst ein Opfer von Ungerechtigkeit und Sünde war. Wie Ihr trägt er immer noch die Wunden seines eigenen ungerechten Leidens an sich. (...) Ich weiß, dass es einigen von Euch schwer fällt, eine Kirche zu betreten, nach all dem, was geschehen ist. Aber Christi eigene Wunden, verwandelt durch sein erlösendes Leiden, sind der Weg, durch den die Macht des Bösen gebrochen wird und wir zu Leben und Hoffnung wiedergeboren werden."

In Benedikts deutscher Heimat hat mittlerweile ein Berliner Jesuit die einstigen Schüler seines Kollegs eingeladen, offen über ihre Missbrauchserfahrungen zu sprechen. Die ehrliche Aufarbeitung der Vergangenheit soll auch einen neuen Umgang der Kirche mit Sexualität und Macht ermöglichen. Damit wird eine Lawine losgetreten. Überall in Deutschland erzählen treu gebliebene oder auch zornig aus der Kirche ausgetretene ehemalige Zöglinge, was sie in Klosterschulen, Internaten, Ordensnoviziaten, Priesterseminaren erlebt haben. Im oberbayerischen Kloster Ettal sei Gewalt gezielt als pädagogisches Mittel eingesetzt worden, bilanziert eine von den Mönchen selbst in Auftrag gegebene Studie; der Abt muss auf Betreiben des Münchner Kardinals Marx gehen, wird später von Rom rehabilitiert.

In Irland, den USA, Deutschland und anderen Ländern wird der kirchliche Verhaltenskodex für Missbrauchsfälle drastisch verschärft: Anzeigepflicht, Zusammenarbeit mit den Strafverfolgungsbehörden, Opferschutz, als flankierende Maßnahme gründlichere Prüfmechanismen bei der Aufnahme von Ordens- und Priesteramtskandidaten. Papst Benedikt verfolgt dabei eine harte Linie, wie er es schon als Kurienkardinal getan hat. Die Bilder von seinen Begegnungen mit Missbrauchsopfern – in Washington, in Sidney, in Rom mit Kanadiern, auf Malta – gehen um die Welt. „Der Papst hat zusammen mit mir geweint, obwohl er keine Schuld an dem hat, was mir zugestoßen ist", berichtet Joseph Magro aus Malta.

„Soweit es Wahrheit ist, müssen wir für jede Aufklärung dankbar sein", wird Benedikt in seinem letzten großen Interview sagen. Nie dürfe es geschehen, „dass man sich wegstiehlt und es nicht gesehen haben will und die Täter weitermachen lässt." Und er fragt bitter: „Was denkt sich so jemand, wenn er am Morgen an den Altar geht und das heilige Opfer feiert? (…) Es ist ein Geheimnis, dass jemand, der sich dem Heiligen verschrieben hat, es so völlig verliert, und dann, ja, seine Ursprünge verlieren kann."

Die Fachleute sind sich ziemlich einig: Das traditionelle überhöhte Priesterbild mit seiner Frauenängstlichkeit, Lustfeindlichkeit und Glorifizierung einer gefühlsarmen Einsamkeit übt eine verhängnisvolle Anziehungskraft auf sexuell unreife, emotional gestörte junge Männer aus. Bei diesen Strukturen und bei einer Seminarerziehung, die erotische Bedürfnisse und die Sehnsucht nach Partnerschaft weitgehend ausblendet, müsste angesetzt werden, um den Skandal an der Wurzel zu packen. Dass der greise Papst Benedikt die Ursachen priesterlicher Gewaltexzesse und pädophiler Verirrungen eher in der modernen Liberalisierung der Sexualmoral sieht als in der verklemmten Atmosphäre der Vergangenheit, dass er deshalb als Heilmittel nur noch mehr Askese und Disziplin empfiehlt statt einer Änderung der Zugangsbedingungen zum Priesteramt, darf man ihm barmherzig verzeihen. Er hätte sonst sein Weltbild über den Haufen werfen müssen – zumindest einen Teil davon.

Benedikt XVI. hat sich konsequent und sehr demütig verhalten. Die Peinlichkeiten kamen aus der zweiten Reihe: Am Ostersonntag 2010 ergreift vor dem Hochamt im Petersdom der Dekan des Kardinalskollegiums, Ex-Staatssekretär Sodano, scheinbar spontan das Wort. Der kühle Diplomat kann enorm pathetisch sein wie wohl viele Italiener. „Wir halten uns fest an Sie, den unvergänglichen Felsen der heiligen Kirche“, tröstet er den von allen Seiten kritisierten Papst, schwärmt von seiner „Geisteskraft“, seinem „apostolischen Mut“ und seiner väterlichen Liebe zur Menschheit. „Frohe Ostern, die Kirche ist mit dir, süßer Christus auf Erden.“ Und er fügt leider an: „Das Volk Gottes ist mit Ihnen, das sich nicht vom Geschwätz beeindrucken lässt.“

Sollte Sodano damit tatsächlich die Leidensgeschichten der Opfer gemeint haben?

Vatileaks: Gestohlene Dokumente und das Chaos an der Kurie

„Die Zeiten, in denen der Papst versiegelte Schüsseln bekam, weil man fürchtete, sein Essen könne vergiftet sein, sind vorbei“, textete der „Stern“ launig auf dem Zenit der „Vatileaks“-Affäre. „Wer ihn heute erledigen will, braucht nur ein Fotohandy.“ – Eine Anspielung auf „Paoletto“, wie sie Benedikts Kammerdiener Paolo Gabriele nannten. Jeder Fernsehzuschauer auf der ganzen Welt kannte den sympathischen Mittvierziger mit dem straff zurück gekämmten Haar, der mit dem Papst im offenen Jeep über den Petersplatz fuhr und bei den Audienzen Erinnerungsmedaillen austeilte. Er half seinem Chef morgens beim Anziehen, legte die Gewänder für die offiziellen Auftritte zurecht, servierte die Mahlzeiten.

Und machte heimlich Aufnahmen von vertraulichen Dokumenten, Aktennotizen, Rechnungen, Briefen an den Papst und an seinen Sekretär Gänswein, um sie an einen Enthüllungsjournalisten weiterzugeben. Nicht um Geld zu verdienen oder berühmt zu werden, wie er der Vatikanpolizei später sagte, sondern aus Verzweiflung, um die Öffentlichkeit über die Zustände an der Kurie aufzuklären. Kistenweise fand man die Kopien in seiner Dienstwohnung im Vatikan, wo er mit Frau und drei Kindern lebte.

Paoletto ist nicht der einzige gewesen, der Vertrauliches aus dem Vatikan schmuggelte, dessen Spionageabwehr Insider doch die beste der Welt zu nennen pflegten. Es waren keine großen Geheimnisse, die seither in römischen Tageszeitungen und reißerisch aufgemachten Büchern abgedruckt wurden. Ein paar dilettantische Bestechungsversuche waren dabei, ein Fernsehjournalist schickte 10 000 Euro „für die Wohltätigkeit des Papstes“ und bat diskret um eine Privataudienz für seine Familie, ein Unternehmer aus dem Piemont mochte Benedikt eine teure Trüffelknolle überreichen, weil er so begeistert sei von den päpstlichen Appellen zur Bewahrung der Schöpfung (man leitete die Kostbarkeit an die Caritas-Suppenküche für die Obdachlosen weiter) … Ermüdende Dankadressen, selbstverliebte Beschwerden, das Genörgel und Hin und Her bedeutungsschwerer Kommentare, das man aus jedem Büro kennt. Für deutsche Leser interessant: eine gekränkte Aktennotiz des Papstes für Bertones Substituten (den Sekretär des Staatssekretärs) nach dem Statement der Bundeskanzlerin zur Affäre Williamson: „Die Reaktion des Nuntius auf die Äußerungen von Frau Merkel ist zu schwach – nur eine Information. Nötig gewesen wären dagegen klare Worte des Protests gegen diese Einmischung in die Angelegenheiten der Kirche."

Nein, solche in der Regel todlangweiligen Indiskretionen heben keinesfalls den Vatikan aus den Angeln. Aber sie offenbaren ein weiteres Mal das deprimierende Klima aus Ignoranz und Intrigen, Machtgerangel und Postenschacher, Zynismus und Eitelkeit, das im Zentrum der katholischen Weltkirche herrscht. Hier auf dem vatikanischen Hügel, wo der wankelmütige und doch so leidenschaftlich in seinen Herrn verliebte Apostel Petrus unter Nero gekreuzigt worden sein soll und wo Pilgerscharen sein angebliches Grab unter dem Papstaltar im Petersdom verehren, hier geht es zu – man wollte es bisher einfach nicht glauben – wie in einem der schlechten Kirchenthriller von Dan Brown.

Hat sich Papst Benedetto von jenem ziemlich reaktionären Klüngel an der Kurie einschüchtern lassen, der sich gegen Reform und Machtverlust stemmt – und natürlich gegen alle Versuche von Koordination, Austausch, effektiver Zusammenarbeit oder Kontrolle? Er hätte versuchen können, einen Senat von Bischöfen zu schaffen, ein oft und regelmäßig mit dem Papst zusammen tagendes – und auch Beschlüsse fassendes – Kabinett als Gegengewicht zur kurialen Bürokratie. Schließlich kannte er die Kurie, ihre Machtspiele und ihr Beharrungsvermögen nach 24 Jahren Arbeit als Präfekt wie kaum ein Zweiter. Hätte er die Kurienreform anpacken können, an denen sich seine Vorgänger Pacelli und Montini (selbst Produkte des Apparats), Roncalli und Luciani (sie kamen von außerhalb) die Zähne ausgebissen hatten? Woityła, in jeder Hinsicht ein Sonderfall, hatte kein Interesse daran, er ließ die Kurie und ihre Aktenberge links liegen und ging auf Reisen. Aber Ratzinger? War er zu weich, zu harmoniebedürftig, zu müde?

Seinen einstigen Kammerdiener hat der Papst nach dessen Verurteilung zu eineinhalb Jahren Haft im Gefängnis besucht, wie erwartet nach wenigen Monaten begnadigt

Versöhnung: Benedikt vergibt seinem Kammerdiener Paolo Gabriele und hebt seine Haft im Vatikan auf.

und ihm einen Job in einem katholischen Kinderkrankenhaus verschafft. Die Beobachter sind sich einig, der nicht besonders geschickt vorgegangene Kammerdiener habe Auftraggeber und Hintermänner gehabt, vielleicht sogar im Kardinalskollegium. Der Prozess bringt keine Aufklärung, ebenfalls wie erwartet.

Der Papst ist jetzt 85 Jahre alt und sehr müde geworden. Er hat keine Energie mehr. Schon öfter hat er angedeutet, dass er sich einen Rückzug vom Amt vorstellen kann: „Wenn ein Papst zur klaren Erkenntnis kommt, dass er physisch, psychisch und geistig den Auftrag seines Amtes nicht mehr bewältigen kann, dann hat er ein Recht und unter Umständen auch eine Pflicht, zurückzutreten." Es sei nicht nur die Belastung durch das Alter gewesen, davon ist der italienische Literaturnobelpreisträger Dario Fo überzeugt. „Es waren der jahrelange Verschleiß in der Kurie, Vatileaks und all die Schlitzohren, die den Papst umgeben und ihn ausspioniert und verraten haben." Leute wie Dario

Fo sind sicher: Es war der 17. Dezember 2012, an dem Benedikt den endgültigen Entschluss gefasst hat, zu gehen. An diesem Tag übergaben ihm die drei vom Papst mit der Untersuchung des Vatileaks-Skandals beauftragten Kardinäle – Julián Herranz (82) aus Spanien, Józef Tomko (89) aus der Slowakei, Salvatore De Giorgi (82) aus Süditalien, zu alt, um selbst noch in Machtkämpfe verwickelt zu sein, wie er wohl hoffte – ihr 300 Seiten starkes Dossier mit all den beschämenden Details über Intrigen, Bespitzelung und Korruption im Kirchenstaat.

Ob in dem Geheimbericht tatsächlich ein „Netzwerk homosexueller Freundschaften und Erpressungen" vorkommt, das in Rom Sexpartys veranstaltet und Kurienkardinäle unter Druck gesetzt habe, wie italienische Zeitungen spekulierten, weiß kein Mensch. Papst Benedikt hat es auch ohne solche Fantastereien gereicht.

9

Der Eremit schwieg nicht immer

„Während meine physischen Kräfte schwinden, pilgere ich innerlich nach Hause“

Reste der alten Schüchternheit waren geblieben. Mit jedem Jahr im Amt hatte der Papst aus Deutschland an Sicherheit und Routine gewonnen – aber wenn er auf der Loggia des Petersdoms erschien, wirkte er immer noch entrückt und scheu. Wenn dann die Sprechchöre aufbrandeten, begann er erleichtert zu strahlen, ein wenig wie der stille Musterschüler, der auf der Turnhallenbühne ein Gedicht vortragen soll und einen freundlichen Begrüßungsbeifall braucht.

Doch genau das liebten die Menschen an ihm: dass er nicht immer ganz souverän war und das nicht versteckte. Sein Vorgänger, der Kraftmensch und Volkstribun, hatte jede Menschenmenge im Griff, als er noch gesund war. Den Kreuzstab hoch erhoben wie eine Fahne, durchpflügte er die Massen, Sprechchöre dankbar aufnehmend wie einen zugeworfenen Ball. Kein Nachfolgekandidat werde Woityłas Charisma erreichen, schrieben die Kommentatoren, als er gestorben war, diesen Papstgiganten könne man nicht kopieren.

So gesehen, war Ratzingers Wahl ein Glücksfall, denn er musste niemanden kopieren. Er war selbst eine singuläre Figur, freilich auf eine andere Art. „Ich konnte nicht ein

Johannes Paul III. sein", gab er viel später ziemlich lakonisch zu bedenken. „Ich hatte eine andere Art von Charisma oder Nichtcharisma."

Als man ihn wählte, war er ein alter Herr – der älteste Kandidat seit 1730. Und dennoch wirkte er unverbraucht, neugierig, mitunter burschikos, körperlich nicht gerade drahtig, aber verhältnismäßig agil und geistig unerhört frisch. Viel nüchterner benahm er sich als der Charismatiker Woityła, der die Menschen mit mystischer Glut und kraftvoller Menschlichkeit zugleich elektrisiert hatte. Benedikt tat das mit Gedankenschärfe und Mut zum großen Entwurf. Seine Visionen hatten etwas Rationales, Realistisches. Er griff nach den Sternen – und kehrte schnell wieder zur Erde zurück, in Demut und mit einem leisen Staunen, das ihn liebenswert machte.

Er reiste nicht besonders gern, die großen Events ließ er über sich ergehen, er hatte auch inmitten einer Menschenmenge etwas Mönchisches, ja Eremitenhaftes an sich. Ein durch und durch spiritueller Mensch, liebte er die schlichten Worte und die einfachen Formen – allerdings auch die prächtigen alten Messgewänder und Mitren, die er aus den vatikanischen Schatzkammern ans Tageslicht holen ließ. In den vielen Predigten und Ansprachen immer wieder die Konzentration auf das Wesentliche, die Essentials.

Und dann alterte er ziemlich schnell. Seit einer Gehirnblutung 1991 musste er jeden Morgen blutverdünnende Medikamente einnehmen. Von Ohnmachten, Stürzen, sogar von einem Schlaganfall war die Rede; unmittelbar nach der Papstwahl plauderte sein besorgter Bruder aus, „der Joseph" habe ja auch schon einen Herzinfarkt gehabt. Tatsächlich hatte man ihm 1997 einen Herzschrittmacher eingesetzt. Das Sehvermögen wurde schlechter, die Stimme brüchiger. Er erblindete auf dem linken Auge völlig, was lange Zeit niemand wusste. Schließlich stützten ihn zwei Helfer links und rechts, wenn er die Stufen zum Hochaltar im Petersdom betrat; den mehr als 150 Meter langen Mittelgang legte er auf einem fahrbaren Podest mit Haltestange zurück, was ein wenig an die surreale Papstmodenschau in Fellinis Film „Roma“ erinnerte.

Benedikt achtete zwar sehr auf einen regelmäßigen Tagesrhythmus, ausreichenden Schlaf und leichte Kost, die italienischen Temperaturen war er seit Jahrzehnten gewöhnt und das disziplinierte Arbeiten auch. Sein Geist war wach geblieben. Die Altersbeschwerden teilte er mit vielen Senioren. Aber welcher 78-Jährige, der noch einmal einen Fulltime-Job aufgehalst bekommt – was es eigentlich nur noch in den Führungsrängen der Weltreligionen gibt und nach Adenauer und den Kreml-Greisen auch nicht mehr in der Politik –, fällt nicht über kurz oder lang in tiefe Müdigkeit und Resignation?

Als Benedikt XVI. sein Amt als Bischof von Rom zurückgab, am 28. Februar 2013, war er knapp 86 Jahre alt und hatte die katholische Kirche sieben Jahre und zehn Monate geführt.

Warum nach Benedikts Rücktritt nichts mehr so sein wird, wie es war

Ein Bild im Livestream fast aller europäischer Fernsehsender macht Kirchengeschichte: Während die Glocken des Petersdoms läuten, steigt am Abend dieses 28. Februar ein weißer Helikopter vom Typ „Sikorsky Sea King“ vom Landeplatz der Vatikanstadt hoch in den diesigen Himmel über Rom. An Bord Papst Benedikt XVI., der in wenigen Stunden nur noch ein Bischof im Ruhestand sein wird, ein Mönch, betend und meditierend.

„Ich bin einfach ein Pilger, der nun die letzte Etappe seines Weges auf dieser Erde antritt“, lässt er die gerührt jubelnde Menge im Hof seiner Sommerresidenz Castel Gandolfo in den Albaner Bergen wissen; hier wird er die ersten Wochen seines Ruhestandes verbringen. „Aber ich möchte weiterhin, mit meinem Herzen, mit meiner Liebe, mit meinem Gebet, mit meinem Denken, mit allen meinen geistigen Kräften für das allgemeine Wohl, für das Wohl der Kirche und der Menschheit weiterarbeiten. Und ich weiß mich von eurer Sympathie getragen. Gehen wir miteinander weiter mit dem Herrn (…). Danke und gute Nacht! Danke euch allen!"

Es sind seine letzten öffentlich gesprochenen Worte als Papst. Er sieht gelöst aus, befreit, verjüngt, vielleicht ein wenig melancholisch. Bei seiner letzten Generalaudienz, der 348. nach offizieller Zählung, auf dem Petersplatz hat er tags zuvor gemischte Gefühle geoffenbart: Wie Petrus im Boot auf dem See von Galiläa habe er sich in den knapp acht Jahren seiner Amtszeit gefühlt. „Der Herr gab uns so viele Tage der Sonne und der leichten Brise, in denen der Fischzug wirklich reich war. Aber es gab auch Momente, in denen wir hohen Wellengang und Gegenwind hatten, wie in der ganzen Geschichte der Kirche. Momente, in denen der Herr zu schlafen schien."

Ist ein Papst, der in Rente geht, ein Deserteur? Petrus, der erste Bischof von Rom, floh der Legende nach während Neros Christenverfolgung im Jahr 67 aus der Stadt und traf auf der Via Appia den auferstandenen Jesus. „Quo vadis, Domine?", fragte er bestürzt, „wohin gehst du, Herr?" – und bekam mit sanftem Vorwurf die Antwort: „Wenn du jetzt mein Volk verlässt, dann gehe ich nach Rom, um mich ein zweites Mal kreuzigen zu lassen." Beschämt machte er kehrt und starb den Märtyrertod. Den weltfremden Eremitenpapst aus den Abruzzen, Coelestin V., der 1294 nach nur fünf Monaten seinen Amtsverzicht erklärte – kirchenrechtlich korrekt und ebenfalls knapp 86-jährig! –, schickte Dante in seiner „Divina Commedia" geradewegs als Feigling in die Hölle, weil er den Weg zur Wahl eines korrupten und machtversessenen Nachfolgers freigemacht hatte.

Wenn aber ein Petrusnachfolger nicht aus Feigheit oder Bequemlichkeit zurücktritt, sondern weil er der Überzeugung ist, die anspruchsvoll und medienbewusst gewordene katholische Christenheit nicht mehr führen zu können? Schon der skrupulös-feinnervige Paul VI. hatte solche Gedanken gehegt. In seinem Testament zeigte er sich überzeugt, sein „Auszug aus dieser Welt" gebe der Vorsehung die Möglichkeit, die Kirche „zu einer besseren Zukunft zu leiten". Der charismatische Johannes Paul II., einst ein viriler Kraftmensch, erwog ebenfalls den Amtsverzicht, als er immer hinfälliger wurde; am Ende konnte er nicht mehr gehen und sprechen. Was ihn freilich nicht hinderte, den Menschen am Petersplatz und am Fernsehbildschirm das atemberaubende Zeugnis eines tapfer leidenden und getröstet sterbenden Christen zu geben. Man steige als Stellvertreter Christi nicht vom Kreuz herab, ließ denn auch Woityłas einstiger Privatsekretär Stanisław Dziwisz – inzwischen Kardinal von Krakau – unwirsch den amtsmüden Benedikt wissen. Der hatte in seiner kirchenjuristisch hieb- und stichfesten Rücktrittserklärung argumentiert, um das „Schifflein Petri" in einer von spirituell überaus wichtigen Problemen „hin- und hergeworfenen Welt" zu steuern, sei „sowohl die Kraft des Körpers als auch die Kraft des Geistes" in einem Maß notwendig, über das er nicht mehr verfüge.

Ausgerechnet der große Konservative im Apostolischen Palast hat mit seiner letzten Amtshandlung Revolution gemacht. Von diesem Datum an wird im Vatikan nichts mehr so sein, wie es war. Der Papst ist keine mythische Gestalt mehr, die erst auf dem Sterbebett zu regieren aufhört, vom Petrusthron sozusagen direkt in die andere Welt wechselt. Keine irdische Inkarnation Gottes mehr, die nur von ihm selbst abberufen werden kann, kein Pharao, kein Gottkönig, sondern ein gewählter Diener, der seinen Dienst beendet, wenn er ihn nicht mehr zu leisten vermag, und den

Auftrag an das Wahlgremium zurückgibt. Schon wird über den künftigen Status eines Papstes a. D. nachgedacht, schon fordern seriöse Theologen eine zeitliche Begrenzung des Petrusamtes. Papst Benedikt hat Geschichte geschrieben und das Petrusamt entzaubert.

Zwei Päpste im Vatikan

Es war eine absolut neue Situation, für Fernsehzuschauer wie für Historiker und Kirchenrechtler: zwei Päpste, zwei Heilige Väter, beide weiß gewandet, beide im ehrwürdigen Alter, die sich bei feierlichen Gelegenheiten im Kreis der Kardinäle behutsam umarmten oder in der Hauskapelle des Älteren andächtig nebeneinander knieten. Der einzige feine Unterschied: Der Ältere nahm respektvoll sein weißes Papstkäppchen ab, wenn der Jüngere erschien.

Warum er immer noch Weiß trug als Papst im Ruhestand, wurde Benedikt von kritischen Beobachtern gefragt, warum er sich immer noch Papst nannte, Papa emeritus, und nicht etwa Bruder Joseph oder Kardinal Ratzinger wie vor seiner Wahl? Schwarze Gewänder seien nicht zur Verfügung gestanden damals nach dem Rücktritt, antwortete er treuherzig. Und das mit den zwei Päpsten? Sein Alter Ego Georg Gänswein – als Privatsekretär des emeritierten Pontifex und Präfekt des Päpstlichen Hauses, der die Audienzen und Reisen des regierenden Pontifex organisierte, befand er sich in einer merkwürdigen Zwitterrolle, zumindest bis ihm Papst Franziskus Anfang 2020 die Aufgaben des Präfekten zum Großteil entzog – hat dafür eine Formel gefunden, die Theologen und Kirchenjuristen die Haare zu Berge stehen lässt: „Es gibt zwei Päpste, aber de facto ein erweitertes Amt mit einem aktiven und einem kontemplativen Teilhaber. Benedikt hat das personale Amt stattdessen ergänzt um eine kollegiale und synodale Dimension,

Diskretion und Respekt: Der Nachfolger, Papst Franziskus, kommt gern zu Besuch – aber nicht zu oft. Im Hintergrund Erzbischof Georg Gänswein, Privatsekretär des zurückgetretenen und lange Zeit Terminmanager des amtierenden Papstes.

als einen quasi gemeinsamen Dienst." Was immer das heißen mochte.

Was viele befürchtet hatten – die sanfte Rivalität eines quirligen, unberechenbaren, täglich für kleine Revolutionen sorgenden Amtsinhabers und eines von erzkonservativen Widerständlern zum „Schattenpapst" aufgebauten, die jahrhundertealten Werte trotzig-souverän bewahrenden Ruheständlers –, trat nicht ein. Was zweifellos am Naturell der beiden lag. Franziskus: ein liebenswürdiger, taktvoller, demütiger Mensch, der sehr wohl wusste, welche Macht ein amtierender Papst hat, und davon auch Gebrauch machte, der aber seinen körperlich schwach und müde gewordenen, geistig immer noch hellwachen und intellektuell genialen Vorgänger niemals bewusst in den Schatten gestellt oder düpiert hätte. Er besuchte ihn – nicht zu oft –, sie tauschten Briefe aus, handgeschriebene, er suchte Benedikts Rat, gab seine erste Enzyklika gemeinsam mit ihm heraus. „Er ist für mich wie der weise Großvater im Haus", sagte er über den Emeritus, „ich habe ihn lieb".

Natürlich gibt es auch sehr dominante Großeltern. Aber dieser Großpapa war ähnlich gestrickt: bescheiden, zurückhaltend. Er fuhr seinem Nachfolger nicht offen in die Parade, lobte, wenn er sich unbedingt äußern sollte, seine menschlichen und spirituellen Talente, sein unbefangenes Zugehen auf die Menschen. „Eine neue Frische in der Kirche", so Benedikt nicht ohne versteckte Selbstkritik über Franziskus, „eine neue Fröhlichkeit, ein neues Charisma, das die Menschen anspricht, das ist schon etwas Schönes." Er werde nicht in brisante Debatten eingreifen, da war sich der Benedikt-Kenner Paul Badde von Anfang an sicher, „er wird schon genug mit dem Staunen zu tun haben."

Am 27. April 2014 konnte die Welt sogar auf vier Päpste schauen: Der amtierende, Franziskus, sprach seine Vorgänger Johannes XXIII. und Johannes Paul II. heilig, während Papa emeritus Benedikt ganz selbstverständlich an der Zeremonie teilnahm. Danach ließ er sich in sein Klösterchen Mater Ecclesiae (Maria, Mutter der Kirche) in den Vatikanischen Gärten zurückbringen, wo er nach dem Rücktritt zusammen mit seinem Sekretär Gänswein und vier Damen einer geistlichen Laienbewegung lebte, die ihm schon im Apostolischen Palast den Haushalt geführt hatten.

Ein ruhiges, beschauliches Leben war das dort, wie früher geprägt von einer festen Ordnung: 7.45 Uhr heilige Messe, Stundengebet und Frühstück, 13.30 Uhr Mittagessen, Siesta wie in mediterranen Ländern üblich, 19.30 Uhr Abendessen und Fernsehnachrichten. Dazwischen war viel Zeit und viel Muße, aber der „einfache Arbeiter im Weinberg des Herrn" (so hatte er sich nach seiner Wahl zum Papst auf der Loggia des Petersdoms vorgestellt) füllte sie mit Lektüre, Studium und einer umfangreichen Korrespondenz. Besucher kamen eher selten. Klavier konnte er kaum mehr spielen. Und der nachmittägliche Spaziergang durch die Vatikanischen Gärten, mit Gänswein den Rosenkranz betend, fiel immer öfter aus, seit Benedikt auf einen Rollator angewiesen war.

Der Einsiedler bricht sein Schweigen

Er werde wie ein Mönch leben und für die Welt „unsichtbar“ sein, hatte er bei seinem Rücktritt angekündigt. Dem Nachfolger versprach er respektvollen „Gehorsam“. Tatsächlich hielt er sich bei theologischen Debatten oder Zwistigkeiten in der Hierarchie jahrelang eisern zurück. Lieber schrieb er alten Freunden ganz intime, oft rührende Briefe, wie dem Pfarrer seiner Taufkirche im bayerischen Marktl am Inn, als der in den Ruhestand trat: Es sei schön gewesen, zu sehen, wie er Fragen und Leiden der Menschen angenommen und sie „auf die Mitte hingeführt“ habe, auf Jesus Christus, „der uns begleitet, bis wir die letzte Tür zum ewigen Leben durchschreiten“.

Doch dann, in ganz seltenen Fällen, die ihm immer auch Kritik einbrachten, brach der Einsiedler sein Schweigen und machte, wenn man das so sagen kann, seinem besorgten oder auch empörten Herzen Luft. Am 15. Juli 2017 schickte er seinen Sekretär – Gänswein hatte längst den Rang eines Kurienerzbischofs – nach Köln, um bei der Beerdigung von Kardinal Joachim Meisner nach der Trauerbotschaft von Papst Franziskus eine sehr persönlich gehaltene Hommage des Papa emeritus zu verlesen. Ein Jahr zuvor hatte Meisner zusammen mit drei weiteren Kardinälen Franziskus eine kritische Fragensammlung zu dessen Schreiben „Amoris laetitia“ (Die Freude der Liebe) geschickt, das die traditionelle Morallehre der Kirche ihrer Meinung nach allzu leichtfertig und weichherzig den Problemen und Wünschen der Zeitgenossen anpasse. Auf eine Audienz hatten die vier Rebellen vergeblich gewartet. Jeder wusste, was gemeint war, als der emeritierte Papst feststellte, in einer Zeit, in der das Boot der Kirche auf der stürmischen See manchmal zu kentern drohte, bedürfe es dringend „überzeugender Hirten, die der Diktatur des Zeitgeistes widerstehen". Da schallte lauter Applaus durch den Kölner Dom.

Meisner, der als Bischof in der damaligen DDR tapfer Widerstand gegen die atheistische Staatsführung geleistet hatte, war in Köln zur Gallionsfigur der erzkonservativen Fraktion im deutschen Katholizismus geworden. Vom Denkmalsockel stürzte der tote Kardinal erst später, als bekannt wurde, dass er die zahlreichen Missbrauchsfälle in seinem Klerus peinlich genau in einem geheimen Dossier mit dem poetischen Titel „Brüder im Nebel" verzeichnet hatte. In Interviews hatte er stets behauptet, „keine Ahnung" von den Vorgängen gehabt zu haben.

Einer weiteren Gallionsfigur stark konservativer Kirchenkreise, dem aus Guinea stammenden Kardinal Robert Sarah, schenkte Benedikt ein Nachwort zu seinem Buch „Die Macht der Stille". Sarah, Präfekt der Kongregation für Gottesdienst und Sakramentenordnung, galt im Vatikan als zunehmend isoliert; als er dafür warb, die Messe nicht mehr dem „Volk" zugewandt zu zelebrieren, sondern wieder wie in alten Zeiten in Richtung Osten, von wo man die Wiederkehr Christi erwartet, und mit dem Rücken zur Gemeinde, stoppte Papst Franziskus das Vorhaben. Benedikt nannte den Kardinal in dem Buchbeitrag einen „Meister des inneren Gebets", bei dem der Kult „in guten Händen" sei, und erklärte vielsagend, für die Liturgie sei eine „spezifische Kenntnis" erforderlich und die Kirche müsse immer neu vom Herrn lernen, „was Anbetung ist".

Der Papa emeritus widersprach nicht, als der gleichaltrige, schon viel länger ein Ruheständlerdasein führende Mainzer Kirchenrechtler Georg May im selben Jahr 2017 ein 1100 Seiten starkes Werk „300 Jahre gläubige und ungläubige Theologie" veröffentlichte, in einem den Piusbrüdern nahestehenden, extrem rechtskatholischen Verlag, und als Werbung

Auf dem Weg zur Ewigkeit: Der Pilger im Klösterchen Mater Ecclesiae in den Vatikanischen Gärten ist hochbetagt, aber sein Geist ist wach wie eh und je.

private Briefe von Papst Benedikt abdrucken ließ. May wollte nachweisen, dass seit dem Zweiten Vatikanischen Konzil immer stärker protestantische Glaubensweisen in die katholische Kirche einsickerten und Jesus Christus klammheimlich seiner Gottheit beraubt werde. „Höchst angebracht und notwendig" sei so ein Buch, ermunterte Benedikt den vor solchen Abgründen warnenden Verfasser, „in dem Du die ungläubige evangelische und katholische Theologie bloßstellst." Und: „Besonders beunruhigt mich die Lage an den theologischen Fakultäten Deutschlands, die großenteils nicht in den Glauben hineinführen und noch weniger Hilfe auf dem Weg zum Priestertum sein können."

Privatbriefe zu veröffentlichen, ist in der Regel ein Akt der Indiskretion. Der nicht immer schweigende Papstmönch hatte die Kirche seines Heimatlandes freilich schon in ausführlichen Interviews abgekanzelt, die er seinem Landsmann Peter Seewald in den Jahren nach dem Rücktritt gab. Nun kann sich Seewald darauf berufen, dass es in diesen Gesprächen um die ultimative Biografie ging, an der er schon lange arbeitete und für die er sich noch etliche Präzisierungen erhoffte (2020 ist sie endlich erschienen, exakt 1150 Seiten stark, mit dem bescheidenen Untertitel „Ein Leben"). Aber eine gute Idee war das nicht, die Interviews unter dem Titel „Letzte Gespräche" noch zu Lebzeiten Benedikts 2016 in einem Extra-Band auf 270 Seiten zu veröffentlichen, mit Klarstellungen zum Rücktritt, einer Einordnung des eigenen Pontifikats und einer durchreflektierten Skizze, was einmal über ihn in den Geschichtsbüchern stehen soll.

Die deutsche Kirche fand sich hier erneut als eine reiche, bürokratische, spirituell leichtgewichtige und glaubensarme Gemeinde karikiert: „In Deutschland haben wir diesen etablierten und hochbezahlten Katholizismus, vielfach mit angestellten Katholiken, die dann der Kirche in einer Gewerkschaftsmentalität gegenübertreten. Kirche ist für sie nur der Arbeitgeber, gegen den man kritisch steht. Sie kommen nicht aus einer Dynamik des Glaubens, sondern sind eben in so einer Position. (…) Mich betrübt diese Situation, dieser Überhang an Geld, das dann doch wieder zu wenig ist, und die Bitterkeit, die daraus erwächst, die Häme, die in deutschen Intellektuellenkreisen da ist."

Ernster nahmen seine Professoren- und Bischofskollegen eine Wortmeldung des Emeritus zum jüdisch-christlichen Dialog, 2018 in der von Ratzinger mitgegründeten theologischen Fachzeitschrift „Communio" veröffentlicht. Seit Johannes Paul II. gehört die schöne Formel vom „von Gott nie gekündigten Bund" mit den Juden zum eisernen Bestand dieses Gesprächs. Seither kann man nicht mehr so einfach behaupten, die christliche Kirche habe das Erbe des Judentums angetreten und sei, theologisch gesprochen, das neue Israel, punktum.

In seinem Aufsatz spricht Ratzinger-Benedikt davon, beide Aussagen müssten differenzierter und schärfer gefasst werden. Die provozierend selbstbewusste Theorie von der Ablösung des Judentums durch die Kirche habe es so gar nicht gegeben (was kritische Leser sogleich bestritten). Die eigene Sendung und der eigene Status des Judentums lasse sich nun aber besser begründen und respektieren, wenn man die bleibenden Differenzen zwischen beiden Religionen wieder deutlicher in den Blick nehme: etwa die Messias-Erwartung, die Bedeutung des Gesetzes – der Tora –, die Landverheißung. Und die Formel vom „nie gekündigten Bund" lasse zu wenig Platz für die immer wieder mögliche Untreue der Menschen, für das „reale Drama der Geschichte zwischen Gott und den Menschen". Gott leide daran und erreiche dabei eine neue Stufe seiner Liebe. Am Ende stehe die „Umstiftung des Sinai-Bundes in den neuen Bund im Blute Jesu, das heißt in seiner den Tod überwindenden Liebe".

Kommentatoren wie der Berliner Rabbiner Walter Homolka, aber auch der Schweizer Jesuitenprovinzial

Christian Rutishauser, sahen in der Wortmeldung einen gefährlichen Rückschritt in Richtung Triumphalismus: Also sei eben doch der „Christusbund" das einzig Wahre und der Sinai-Bund nur eine Vorstufe von minderem Wert. Der Wiener Dogmatiker und „Communio"-Herausgeber Jan Heiner Tück, ein exzellenter Ratzinger-Spezialist, bedauerte im Nachhinein, dass sich der Papa emeritus auf innerchristliche Begriffsklärungen beschränkt und kein Gespräch mit der jüdischen Theologie geführt habe.

Über den Missbrauchsskandal gestolpert

Unmittelbar vor der Karwoche 2019 meldete sich Benedikt in einer Art Hirtenbrief zum Missbrauchsskandal in der katholischen Kirche zu Wort – mit einer sehr eigenwilligen Interpretation, die ihm harsche Kritik auch von Theologen und christlich orientierten Medien einbrachte („Geh' Pepperl, plausch net", riet ihm auf Wienerisch das Nachrichtenmagazin „Kirche In"): In einem zornigen Rundumschlag beschuldigt der Ruheständler im Vatikan die 68er-Bewegung mit ihren Philosophen und Kulturrevolutionären, politische Akteure wie die damalige SPD-Bundesgesundheitsministerin Käte Strobel mit ihren Aufklärungsfilmen für die Schule, angesehene Moraltheologen wie die namentlich genannten Franz Böckle und Bruno Schüller, Leiter von Priesterseminaren und zu weichherzige Bischöfe, für den Zusammenbruch der überlieferten Sexualmoral und den Verzicht auf sämtliche Normen verantwortlich zu sein. Die Missetäter in hohen kirchlichen Ämtern wie Kardinal Groër in Österreich oder in Mexiko Pater Maciel Degollado („Legionäre Christi"), gegen die er als Chef der Glaubenskongregation selbst wacker gekämpft hatte, kommen in dem Text nicht vor.

Während Papst Franziskus seine Kirche zur Gewissenserforschung aufforderte und den allgegenwärtigen Klerikalismus mit seinem fast sakralen Priesterbild und der fehlenden Auseinandersetzung mit der eigenen Sexualität und der Sehnsucht nach einem Partner anprangerte, schob sein Vorgänger alle Schuld der linken und liberalen Umwelt zu. Postwendend musste er sich daran erinnern lassen, dass während der Hochblüte des Missbrauchs Adenauer und Franco (und in Ratzingers Heimatland Bayern die CSU) regierten und noch kaum einer Adorno und Marcuse kannte. Betrübt titelte das von Priestern im Bistum Trier gegründete Magazin „Imprimatur": „Kardinal Ratzinger wird zu einer Dauerbelastung."

Und dann, Anfang 2020, wieder eine spektakuläre Aktion zusammen mit Kardinal Sarah, der als Aushängeschild der Erzkonservativen und Franziskus-Kritiker mittlerweile ein beeindruckendes Netzwerk aufgebaut hatte: Während Papst Franziskus sein mit Spannung erwartetes nachsynodales Schreiben zur „Amazonas-Synode" vorbereitete, wo Bischöfe die Weihe verheirateter Männer zu Priestern gefordert hatten, zumindest bei einem so katastrophalen Notstand an Seelsorgepersonal wie in ihren Ländern, veröffentlichte Sarah ein Buch „Aus den Tiefen unserer Herzen", das leidenschaftlich den Status quo des priesterlichen Zölibats verteidigte. Zunächst führte das Buch Benedikt XVI. als Co-Autor, er hatte Einführung und Schlussfolgerungen ausdrücklich mitunterzeichnet.

Doch als die Veröffentlichung medialen Wirbel auslöste, ließ der emeritierte Papst klarstellen, nur einen Aufsatz beigesteuert zu haben, und seinen Namen aus der Autorenzeile entfernen. Dass er groß mit Namen und Foto auf dem Umschlag erscheinen würde, habe Benedikt nicht gewusst, versicherte sein treuer Privatsekretär Gänswein. Sarah widersprach sofort, Benedikt habe Druckfahnen und Cover vorgelegt bekommen und sich zufrieden geäußert.

Die Komödie hinterließ jedenfalls den Eindruck, der Emeritus versuche massiv Einfluss auf die Dynamik der

Amazonas-Synode zu nehmen und agiere eben doch als Schattenpapst. Der Salzburger Theologe Hans-Joachim Sander äußerte die Befürchtung, „er wird als Papst in Erinnerung bleiben, der seinem Nachfolger das Leben schwer gemacht hat, und das ist genau das, was sich für einen ehemaligen Papst verbietet." Dabei hätten sich Benedikt und seine konservative Entourage den ganzen Ärger ersparen können: Franziskus, der sich auch nicht immer so leicht einordnen lässt, dachte keineswegs daran, den freiwilligen Zölibat in Frage zu stellen.

Doch noch im selben Jahr sollten dem so ungeschickt agierenden Ex-Papst plötzlich wieder alle Herzen zufliegen, als er sich im Juni völlig überraschend mit einer Maschine der italienischen Luftwaffe in seine bayerische Heimat fliegen ließ, nach Regensburg, wo sein 96 Jahre alter Bruder Georg mit dem Tod rang. Mehrere Tage blieb der selbst unübersehbar gebrechliche, auf den Rollstuhl angewiesene 93-jährige Emeritus bei seinem älteren Bruder, dem er ins Priesterseminar gefolgt war, mit dem er eigentlich einen gemeinsamen Lebensabend hatte verbringen wollen, mit Lesen, Forschen, Musizieren, langen Gesprächen.

Jetzt konnten sie beide nur noch flüsternd miteinander beten, in dieser Welt voneinander Abschied nehmen und vom Wiedersehen in der kommenden träumen. Wieder einmal hatte Benedikt Kirchengeschichte geschrieben: Es war die erste Auslandsreise eines zurückgetretenen Papstes gewesen. Und ein zutiefst bewegendes Modell menschlicher Nähe in Corona-Zeiten, das man sich von übervorsichtigen Kirchenbürokraten und Pfarrern öfter gewünscht hätte.

Wenige Tage nach dieser Begegnung starb Georg Ratzinger, der einstige Kapellmeister der Regensburger „Domspatzen".

Zwei Jahre später, im Frühjahr 2022, war es schon wieder vorbei mit der Sympathie der wankelmütigen Öffentlichkeit. Die Nachwehen des Missbrauchsskandals, besser gesagt die aktuellen Enthüllungen dazu im Erzbistum München und Freising, hatten den emeritierten Papst und Erzbischof voll erwischt.

261 mutmaßliche Täter, 173 davon Priester, und mindestens 497 Opfer im Zeitraum zwischen 1945 und 2019: Das war die Bilanz des „Münchner Missbrauchsgutachtens", das die Erzdiözese 2020 bei einer renommierten Anwaltskanzlei in Auftrag gegeben hatte. Die Juristen hatten jede Freiheit, Personal und Gerichtsakten der bischöflichen Behörde, Nachlässe verstorbener Bischöfe und das Geheimarchiv der Diözesankurie einzusehen und zahlreiche Zeitzeugen zu befragen.

Als sie nun ihre fast 2000 Seiten umfassende Arbeit bei einer Pressekonferenz vorstellten, machten die Gutachter systemische Ursachen wie das alles beherrschende Interesse, das Ansehen der Institution Kirche zu wahren, und eine unzureichende innerkirchliche Rechtskultur für die hohe Zahl der Missbrauchsfälle verantwortlich. Das Leid der traumatisierten Opfer habe beim Umgang der kirchlichen Amtsträger und Behörden mit den Vorgängen lange Zeit keine Rolle gespielt; für die Zeit nach 2010 stellte die Kanzlei hingegen eine „in vielen Aspekten vorbildhafte Missbrauchsprävention" fest.

Mit Spannung waren die Aussagen über die Verantwortlichkeit der Münchner Erzbischöfe von Michael von Faulhaber († 1952) bis Reinhard Marx erwartet worden. Joseph Ratzinger, der spätere Papst Benedikt XVI., der die Erzdiözese von 1977 bis 1982 leitete, habe sich in vier, sein Nachfolger Friedrich Wetter (Erzbischof 1982 bis 2008) in 21, der gegenwärtige Amtsinhaber Reinhard Marx in drei Missbrauchs- bzw. Verdachtsfällen „rechtsfehlerhaft, mindestens aber unangemessen" verhalten. Womit etwa der Verzicht auf die Weitermeldung nach Rom oder die stillschweigende Versetzung des Übeltäters gemeint war.

Kardinal Wetter übernahm inzwischen unabhängig von Detailfragen eine „undelegierbare persönliche Verantwortung“ für das Missbrauchsgeschehen und gab die Ehrenbürgerschaft seiner Heimatstadt Landau zurück. Kardinal Marx, der Papst Franziskus im August 2021 vergeblich seinen Rücktritt angeboten hatte, bekannte sich erneut zu seiner „moralischen Verantwortung“.

Papst Benedikt XVI. – er hatte den Gutachtern schriftlich Rede und Antwort gestanden – brachte hingegen in einem aktuellen Statement „Scham“ und „Schmerz“ zum Ausdruck, lehnte aber eine Verantwortung für Fälle aus seiner Amtszeit ab, in denen Missbrauchstäter wieder in der Seelsorge eingesetzt wurden. Bei Begegnungen mit von Priestern missbrauchten Menschen habe er den Folgen dieser „übergroßen Schuld“ ins Auge gesehen und „verstehen gelernt, dass wir selbst in diese übergroße Schuld hineingezogen werden, wenn wir sie übersehen wollen oder sie nicht mit der nötigen Entschiedenheit und Verantwortung angehen“.

Kritikern vor allem aus den Reihen der deutschen Theologie genügte diese allgemein gehaltene Entschuldigung nicht. Statt immer wieder zu versichern, er habe von den Gründen der häufigen Versetzungen innerhalb des Bistums und in andere Diözesen keine Kenntnis gehabt, hätte Benedikt zugeben sollen, sich nicht genug interessiert, nicht nachgefragt und die Fälle untergeordneten Instanzen überlassen zu haben.

Die von unbarmherzigen Medien, geschwätzigen Professorenkollegen und wichtigtuerischen Kommunalpolitikern (sollte man dem mit einer einzigen ungenauen Aussage gestrauchelten Ex-Pontifex die Ehrenbürgerwürde sogleich entziehen oder erst später?) geschürte Empörung war nicht unverständlich, aber auch nicht fair: Anders als sein – immerhin heiliggesprochener – Vorgänger und langjähriger Chef verfolgte der Kurienkardinal Ratzinger eine ziemlich harte Linie gegenüber den Tätern und schaute eben nicht weg wie viele seiner Amtsbrüder, als so langsam das ganze unvorstellbare Ausmaß der Systemsünde sichtbar wurde, die „Missbrauch“ heißt. „Die Skandale um den Papst a. D.“, hatte die ZEIT schon im Jahr 2020 festgestellt, „sind leider immer unter seinem Niveau.“

„Er verlischt wie eine Kerze, langsam und in Ruhe“, so hatte es sein engster Vertrauter Georg Gänswein ausgedrückt. Am 31. Dezember 2022 schlief Joseph Ratzinger, der sich als Papst Benedikt XVI. genannt hatte, friedlich für immer ein, im Alter von 95 Jahren. Wenige Tage später begrub man ihn in den Vatikanischen Grotten unter dem Petersdom.

10

Was bleibt von Papst Benedikt?

„Glauben
heißt fliegen können"

Paul VI., mit bürgerlichem Namen Giovanni Battista Montini, war ein chronisch unterschätzter hervorragender Papst, genau richtig für die sich der Moderne öffnende Konzilskirche – und sein Vorgänger Johannes XXIII. ein wegen seiner umwerfenden Güte vielleicht bisweilen überschätzter Charismatiker mit historischer Wirkung. Der Kurienbeamte und spätere Mailänder Erzbischof Montini war der unbestrittene Kronprinz von Papst Johannes – und trotzdem machte dieser sich auf seine gutmütige Art regelmäßig über ihn lustig und nannte ihn bei Audienzen gern „Hamlet", weil Montini etwas von einem zweiflerischen, skrupulösen Träumer an sich hatte. Es ist nicht ehrenrührig für einen Papstkandidaten oder Papst, mit Prinz Hamlet von Dänemark verglichen zu werden.

Ratzinger-Bewunderer waren bis zuletzt fasziniert von dem Feuer, das in dem alten Papst glomm, von dem Idealismus, der ihn trieb, von seiner ansteckenden Freude am Glauben, gepaart mit der Lust am geistvollen Schlagabtausch. „Noch immer", schwärmte Peter Seewald, der bekehrte Spötter, „leuchtet er heraus, wenn er mit anderen Würdenträgern in einer Gruppe zusammensteht, wie ein Kommunionkind, nicht nur durch das Kindhaft-Gläubige und die andächtig gefalteten Dürer-Hände, sondern auch dadurch, dass er im Gegensatz zu den Apparatschiks noch brennt, weniger satt ist als die anderen, und träge schon gar nicht."

Und doch wurde der Hamlet Benedikt die alten Ängste niemals los, die den eigenen Schwung blockierten. Die quälende Sorge, jene spirituelle Sehnsucht, die er weckte, könnte die von der Kirche vorgezeichneten Bahnen verlassen. Das Bedürfnis, Zäune und Mauern hochzuziehen, die er als Schutzwall für den gefährdeten Glauben der fürsorglich Eingepferchten sah. Und obwohl er nie ein Bürokrat war, schien er doch oft genug die Überzeugung aller Kirchenbeamten zu teilen, man müsse dem allzu souverän umherschweifenden Heiligen Geist dezent die richtigen Wege zeigen.

Träume sind immer offen

Wenige vermochten so unwiderstehlich wie er Appetit auf das Abenteuer des Glaubens zu machen, der keine Belastung sein muss, sondern Flügel verleihen kann. In den ersten Jahrhunderten der Kirche, von denen er so gern spricht, wäre er möglicherweise ein mitreißender Missionar geworden wie Sankt Patrick in Irland. O ja, es gab Momente, da konnte der Schüchterne spontan auf Menschen zugehen, warmherzig, gelöst. Ein halbes Jahr nach seiner Wahl zum Papst gab es einen großen Kulturevent in der vatikanischen Audienzhalle: die Münchner Philharmoniker, die Regensburger Domspatzen, 7000 Gäste. Unter ihnen die Schauspielerin Veronika Ferres, bekennende Katholikin. Benedikt machte ihr ein Kompliment: Er habe sie in Salzburg gesehen, als „Buhlschaft" in Hugo von Hofmannsthals „Jedermann". Die Ferres, aufgeregt, sprudelte hervor, ihre Mutter habe seine Münchner Predigten als Erzbischof geschätzt, sei aber schon lange tot, „viel zu früh" gestorben.

Der Papst nimmt ihre beiden Hände, schaut sie groß an, duzt sie plötzlich: „Weißt du, sie ist jetzt hier bei uns und sieht uns zu.“ Ferres ist „überwältigt“, sagt später, sie habe eine unwahrscheinlich einfühlsame Kraft erlebt. Was bei anderen als billiges Anbiedern erscheinen würde, dem schüchternen Visionär auf dem Papstthron, der mit Emotionen sparsam umging, nahm man die Echtheit seiner Gefühle ab.

Das war die eine Seite des römischen Hamlet. Die andere war der Panzer aus Misstrauen, vorsichtiger Distanz, durchaus auch aristokratischer Würde. Richtige Freunde habe er nie gehabt, sagt ein enger Vertrauter, außer der 1991 gestorbenen Schwester Maria und dem Bruder Georg, mit dem er auch als Papst mehrmals die Woche telefonierte. Dafür machte er sich Feinde, mit gelegentlicher verbaler Streitlust, wie man sie gar nicht selten an Professoren beobachtet, mit einer unvermittelt hervorbrechenden grimmigen Freude an der Attacke, welche allerdings im hohen Alter immer mehr von einer versöhnungsbereiten Milde verdrängt wurde.

1998 hatte der Kardinal Ratzinger durch seinen persönlichen Einsatz die epochale ökumenische Erklärung zur Rechtfertigungslehre gerettet, als die jahrelangen theologischen Verhandlungen zu scheitern drohten: Bei streng geheimen Treffen in einem Regensburger Hotelzimmer schmiedete er zusammen mit dem evangelischen bayerischen Landesbischof Johannes Hanselmann und hochkarätigen Theologen beider Konfessionen neue Konsensentwürfe, die von Sekretärinnen im fliegenden Wechsel abgeholt und an den Lutherischen Weltbund in Genf gefaxt wurden.

Damals hatte die „Ratzingerformel“ längst eine fast legendäre Bedeutung erlangt. Sie bezieht sich auf den Dialog mit den orthodoxen Kirchen und auf deren Verhältnis zum Papstamt und besagt, dass Rom vom Osten nicht mehr an Übereinstimmung fordern darf, als im ersten Jahrtausend – als die Kirchen noch nicht getrennt waren – formuliert und gelebt worden sei.

Im Jahr 2000 aber veröffentlichte derselbe Ratzinger in seiner Eigenschaft als Präfekt der Glaubenskongregation die höchst umstrittene Erklärung „Dominus Iesus", die ziemlich unverhohlen die katholische Kirche zur allein rechtmäßigen Sachwalterin Christi erklärte und die anderen Konfessionen in sehr missverständlicher Weise lediglich als „christliche Gemeinschaften" titulierte. Benedikt, ein Hamlet auch im Miteinander der christlichen Kirchen.

Prinz Hamlet verbeugte sich vor der Vernunft – und legte ihre Grenzen bloß. Er lud zum Gespräch über Werte ein, die nicht von einem menschlichen Gesetzgeber festgelegt, sondern vom Schöpfer in den Menschen eingeschrieben worden seien. Aber wer kann sie erkennen und interpretieren? Die Religionen als Spezialisten für alles Göttliche? Alle Religionen oder am ehesten und besten doch die Christen? Welche Christen, die katholischen, die protestantischen, die orthodoxen? Alle vom Geist begabten Gläubigen? Die ausgebildeten Theologen, eine Hierarchie, die letztlich keiner kontrollieren darf oder soll?

Hamlet Benedikt ist bis zum Lebensende neugierig und ein Träumer geblieben. Er teilte die Sehnsüchte seiner Zeitgenossen, und Sehnsüchte sind immer offen, Neuland hat keine festen Grenzen, Träumer erleben Überraschungen. Hamlet war sich klar darüber, dass die großen Worte immer neu übersetzt werden müssen, ihn graute es vor „wahren, zugleich aber abgestandenen Formeln", denn wie jeder Mystiker wusste er, dass „der Gekommene noch weit mehr auch der Kommende ist".

Mit leuchtenden Augen beobachtete er den „Aufbruch neuer katholischer Initiativen, die nicht von einer Struktur, von einer Bürokratie befohlen sind. Die Bürokratie ist verbraucht und müde. Diese Initiativen kommen von innen heraus, aus der Freude junger Menschen. Das Christentum nimmt vielleicht ein anderes Gesicht, auch eine andere kulturelle Gestalt an."

Hamlet Benedikt, der weite Geist mit dem großen Horizont, der Denkbewegungen aus zwei Jahrtausenden Christentumsgeschichte mühelos abspulen und verknüpfen konnte, er hatte gnadenlos klar begriffen, dass Christus die Institution Kirche unendlich überragt und mit der Wucht seiner Gestalt „erregend über die eingefahrenen Formen der Kirchlichkeit hinausweist", dass die kleinliche Angst ihrer Beamten „nichts mit ihm zu tun hat, mit der unendlichen Großzügigkeit, die wie ein frischer Wind aus den Evangelienworten auf uns zukommt und die Buchstabenanbeterei wie ein Kartenhaus umwirft".

Wie wenige an der Spitze der Großkirchen wäre dieser Papst fähig gewesen, radikal zu fragen, ob das ganze Gefüge nicht verzichtbar ist, möglicherweise den Blick auf den Ursprung und den Zugang zu Jesus Christus verstellt, ob es nicht entschlossen hinweggefegt werden müsste, um den alle Erwartungen durchkreuzenden, alle Selbstverständlichkeiten in Frage stellenden, alle Selbstzufriedenheit provozierenden, alle in Macht und Geld und Titel verliebten Funktionäre in ihre Schranken weisenden Herrn der Kirche neu, fordernd, aufregend vor die Menschen hinzutragen.

Vielleicht hat er sich das auch gefragt, oft genug und ohne Schnörkel. Und regelmäßig eine Heidenangst vor der eigenen Courage bekommen. „Non possumus", hat er dann gesagt, „wir können nicht, wir dürfen nicht", wenn es um eine veränderte Kirche ging. Keineswegs um eine verfälschte, verwaschene, verpfuschte, entkernte, modern aufpolierte, trendgerechte Kirche, die ihre Botschaft verraten würde, um ein paar Tage Applaus zu bekommen. Sondern um eine offenere, demütig auf neue Einsichten, Sehnsüchte und Bedürfnisse hörende, aus Treue zur ewigen Botschaft sich von historischen Korsetts befreiende, eine frische Sprache lernende Kirche, die sich gemeinsam mit den Suchenden vor ihren Türen ganz neu auf den Weg macht, um zu hören, was Christus von der Christenheit will und was ihre Führer, Manager und Diener hinter den Betonmauern, die sie um die Kirche gebaut haben, oft gar nicht mehr vernehmen können.

„Es ist nicht so, dass wir sagen, wir mögen nicht, sondern: wir können nicht", hat er auf die Frage nach einer Öffnung des Priesteramtes für Frauen geantwortet. „Diese Gestalt der Kirche haben nicht wir gemacht, sondern sie ist von Ihm her konstitutiv."

„Non possumus." Wirklich nicht?

Ein nüchterner Visionär

Obwohl Benedikt fast acht Jahre regiert hat, ist er ein Übergangspapst geblieben, der die Brücke von den Konzilspäpsten Johannes und Paul und der Ausnahmeerscheinung Woityła in eine neue, in ihrer Gestalt und Zielrichtung noch nicht überschaubare Epoche des Petrusamtes verkörperte. Er war der erste deutsche Papst seit Menschengedenken. Und eine Brückengestalt zwischen dem ersten nichtitalienischen Petrusnachfolger seit viereinhalb Jahrhunderten und dem ersten nichteuropäischen Papst seit fast 1300 Jahren.

Er mag ein tragischer Papst gewesen sein, ein politisch nicht sehr geschickter, kirchenpolitisch bisweilen gescheiterter; ein guter Papst war er ohne Zweifel. Eine Enzyklika *für* die Liebe hat er geschrieben. Auf schroffe Verurteilungen hat er verzichtet, bei aller Prinzipientreue. In Benedettos Amtsführung dominierte ein demütiger Stil. Sein stellenweise verbitterter Brief an die Bischöfe nach dem Williamson-Skandal verrät nicht nur ein Stück Realitätsverlust, sondern auch Größe: Aufrichtigkeit, das Öffnen eines verwundeten Herzens.

In einer großen Schlichtheit sah er sich als Nachlassverwalter Karols des Großen, als Wahrer der Kontinuität in der Führung der Weltkirche. Ganz offensichtlich wollte er den Übergang vom extrem langen Pontifikat des Vorgängers mit dessen einzigartiger Persönlichkeit zu den erwarteten neuen Akzentsetzungen durch einen Papst aus der „Dritten Welt" oder aus Amerika in geordneten Bahnen halten.

Diese Selbstbeschränkung kann man bedauern, aber auch staunend bewundern bei einem so kraftvollen Denker wie Joseph Ratzinger. In seinen besten Stunden, wenn sein unverwechselbares Profil zum Vorschein kam, in seinen wenigen Enzykliken und in manchen Reden war der alte brillante Intellektuelle und präzise Professor wieder da, der die Essentials der christlichen Botschaft so klar ins Bewusstsein rückt, dass sie der einfache Mensch versteht und der Akademiker interessant findet.

Seine Lieblingsthemen sind die Vernunft und die Kirche gewesen. Bleiben wird von diesem Pontifikat vor allem Benedettos ebenso nüchternes wie leidenschaftliches Bemühen, Glaube und Vernunft in eine fruchtbare Beziehung zu bringen, tragfähige vernünftige und spirituelle Grundlagen für eine gerechte, menschenwürdige Welt zu finden.

Ein Debattenpapst ist er nicht geworden – aber ein Theologenpapst ist er gewesen, ein Philosoph, ein Vordenker. Werte, Moral, Menschenwürde, das war seine Leidenschaft. Eine Moral, die unabhängig ist von wechselnden Mehrheitsentscheidungen. Wer garantiert die Heiligkeit des Lebens, den unendlichen Wert jeder noch so unscheinbaren menschlichen Existenz? Werte, die nicht *er*funden, sondern *ge*funden werden. Bei allem Respekt vor der Vernunft: Der letzte Maßstab kommt nicht aus den Köpfen der Menschen, sondern aus der Ewigkeit.

Bleiben wird seine Konzentration auf das Wesentliche, das alle Menschen angeht und dem Leben Sinn und Tiefe zu verleihen vermag. Christentum pur sozusagen. Mit neuem Schwung eine Welt evangelisieren, die die christliche Botschaft weithin nicht mehr kennt und sogar das Gespür dafür verloren hat – aber durchaus eine brennende spirituelle Sehnsucht besitzt.

Ganz neu anfangen, wie die ersten Christen

Bleiben wird aber auch seine Vision von Kirche als lebendigem Organismus, als spiritueller Größe, durchdrungen von der Leidenschaft für Christus, der die Welt immer noch erlösen und den Menschen Sinn, Richtung und Glück bringen will: „Man hat ein vielleicht zu großes Vertrauen in die kirchlichen Strukturen und Programme gelegt, in die Verteilung der Macht und der Aufgaben; aber was wird geschehen, wenn das Salz schal wird?" Trauen die Menschen der Kirche nicht mehr zu, ihre Sehnsucht nach dem Himmel zu stillen? Gehen sie lieber zu den Esoterikern und Schamanen? Gut, dann muss die Kirche ganz neu anfangen, wie die ersten Christen.

Man hat Ratzinger-Benedikt nachgesagt, er favorisiere die „kleine Herde", die Kerngemeinde der Überzeugten und Engagierten, gegenüber der „Volkskirche" mit ihren offenen Rändern und laxen Kompromissen. Doch ist nicht eher das Gegenteil richtig? In seiner Vorliebe für griffige Bilder warnte er gern vor den „Elitekirchen" und „Wahlkirchen" und stellte klar: „Die Kirche ist kein Markt, auf dem sich jeder sein Grüppchen sucht, sondern eine Familie, in der ich mir die Geschwister nicht aussuche, sondern von Gott zum Geschenk erhalte."

In seine Amtszeit fiel das 50-jährige Jubiläum der Eröffnung des Zweiten Vatikanischen Konzils – für die einen immer noch die Signatur eines mitreißenden Aufbruchs der Kirche in die moderne Welt, für die anderen der Beginn eines Christentums zu herabgesetzten Preisen. Steht das

Erbe des Konzils auf dem Spiel? Sind die Texte wichtiger als der Geist? Wäre nicht längst ein Drittes Vaticanum nötig? Der Papst lieferte mehrfach eine eigenwillige, differenzierte Konzilsinterpretation, die vor allem für die angestrebte Aussöhnung mit den Piusbrüdern eine tragfähige Grundlage liefern sollte: Eine „Hermeneutik der Diskontinuität und des Bruches" – verbreitet von einem „Teil der modernen Theologie" und von den Massenmedien – stehe der „Hermeneutik der Reform (…) unter Wahrung der Kontinuität" gegenüber.

Beim Abschied vom römischen Klerus, drei Tage nach seiner Rücktrittsankündigung, äußerte sich Benedikt etwas optimistischer: Neben dem tatsächlichen Konzil habe es das „Konzil der Medien" mit seinen Engführungen und Banalisierungen gegeben, und so sei es in der Öffentlichkeit wahrgenommen worden. „Für die Medien war das Konzil ein politischer Kampf, ein Machtkampf zwischen verschiedenen Strömungen in der Kirche. Selbstverständlich haben die Medien für jene Seite Partei ergriffen, die ihnen zu ihrer Welt am besten zu passen schien." Dieses „virtuelle Konzil" sei stärker gewesen als das wirkliche Konzil und habe „viel Unheil" angerichtet, doch: „Mir scheint, dass wir 50 Jahre nach dem Konzil sehen, wie das virtuelle Konzil zerbricht, sich verliert und das wahre Konzil mit all seiner geistlichen Kraft zum Vorschein kommt."

Erheblich weniger als sein Vorgänger Johannes Paul II. hat Benedikt eine geopolitische Führungsrolle als Anwalt der Menschenrechte und der sozialen Gerechtigkeit beansprucht, sie war ihm auch nicht so auf den Leib geschrieben. Er war eher ein Papst für die eigenen Leute, einer, der ihnen Lust auf Glauben und Kirche zu machen suchte. Sein Bild von der Rolle der Kirche innerhalb der Gesellschaft erschien manchen zu harmlos, anderen zu sperrig. „Entweltlichung" hieß das Zauberwort, das er in seiner „Freiburger Rede" beim letzten Deutschlandbesuch mit Mut zur

Paradoxie erläuterte: Wenn die Kirche wirklich offen für die Anliegen und Nöte der Welt sein wolle, dürfe sie selbst die Welt nicht kopieren. Betreibe sie zu viele weltliche Geschäfte, kreise sie zu sehr um Strukturfragen, Geld und Angebotsstrategien, dann könne sie kein Korrektiv, keine Hilfe für die Welt mehr sein, dann entarte sie zum Dienstleister, zum Sozialverein, zum Servicepoint. Benedikt in Freiburg: „Das missionarische Zeugnis der entweltlichten Kirche tritt klarer zutage. Die von materiellen und politischen Lasten und Privilegien befreite Kirche kann sich besser und auf wahrhaft christliche Weise der ganzen Welt zuwenden, wirklich offen sein. Sie kann ihre Berufung zum Dienst der Anbetung Gottes und zum Dienst des Nächsten wieder unbefangener leben. (…) Es geht hier nicht darum, eine neue Taktik zu finden, um der Kirche wieder Geltung zu verschaffen. Vielmehr gilt es, jede bloße Taktik abzulegen und nach der totalen Redlichkeit zu suchen, die (…) den Glauben ganz zu sich selbst bringt, indem sie das von ihm abstreift, was nur scheinbar Glaube, in Wahrheit aber Konvention und Gewohnheit ist."

Durchaus hochpolitisch waren seine häufig wiederholten Aufrufe, achtsamer mit den Ressourcen der Schöpfung umzugehen. Denn Benedikts „grüne Theologie", wie sie manche leicht spöttisch nannten, verknüpfte die ökologischen Erfordernisse mit den Auswirkungen der Globalisierung, mit gerechten Handelsstrukturen und dem Weltfrieden. Der Mensch, das Geschöpf Gottes, soll nicht wie ein Tyrann über die Natur herrschen, sondern sie hüten und bewahren, in einer Solidarität, die Generationen und räumliche Grenzen übersteigt. Typisch Benedikt, wie er das begründet: Nicht einen ästhetischen, sondern einen moralischen Anspruch erfüllt die Sorge für die Schöpfung, „denn die Natur bringt einen Plan der Liebe und der Wahrheit zum Ausdruck, die uns vorausgehen und von Gott kommen."

Was wird bleiben von diesen acht Jahren, die manchmal so strahlend schienen und bisweilen so glücklos wirkten? Was wird bleiben von Papst Benedikt?

Was wird von uns bleiben? Die Frage hat er selbst gestellt, in der Messe „Pro eligendo Romano Pontifice“, „für den zu wählenden Papst“, einen Tag, bevor sie ihn zum Petrusnachfolger machten. „Alle Menschen wollen eine Spur hinterlassen, die bleibt“, sinnierte er damals. „Aber was bleibt? Das Geld nicht. Auch die Gebäude bleiben nicht; ebenso wenig die Bücher. Nach einer gewissen, mehr oder weniger langen Zeit verschwinden alle diese Dinge. Das Einzige, was ewig bleibt, ist die menschliche Seele, der von Gott für die Ewigkeit erschaffene Mensch. Die Frucht, die bleibt, ist daher das, was wir in die menschlichen Seelen gesät haben – die Liebe, die Erkenntnis; die Geste, die das Herz zu berühren vermag; das Wort, das die Seele der Freude des Herrn öffnet. Brechen wir also auf und bitten den Herrn, er möge uns helfen, Frucht zu bringen, eine Frucht, die bleibt. Nur so wird die Erde vom Tal der Tränen in einen Garten Gottes verwandelt.“

Anhang

Zeittafel

1927	16. April: in Marktl am Inn (Oberbayern) geboren
1929	Die Familie Ratzinger übersiedelt nach Tittmoning
1932	Einschulung in Aschau am Chiemsee
1936	Gymnasium in Traunstein
1939	Eintritt in das Erzbischöfliche Knabenseminar Traunstein
1943–1945	Flakhelfer, Reichsarbeitsdienst, Kriegsgefangenschaft
1945–1951	Philosophie- und Theologiestudium in Freising und München
1951	29. Juni: Priesterweihe im Freisinger Dom
1951/52	Kaplan in München-Bogenhausen
1952–1954	Dozent am Freisinger Priesterseminar
1953	Promotion zum Dr. theol. mit einer Arbeit über Augustinus
1954–1957	Lehrstuhlvertretung und dann Dozent an der Philosophisch-Theologischen Hochschule Freising
1957	Habilitation mit einer Arbeit über Bonaventura
1958–1959	Außerordentlicher Professor für Dogmatik und Fundamentaltheologie in Freising
1959–1963	Professor in Bonn
1962–1965	Berater von Kardinal Joseph Frings (Köln) auf dem Zweiten Vatikanischen Konzil
1963–1966	Professor in Münster
1966–1969	Professor in Tübingen
1969–1977	Professor in Regensburg
1976/77	Vizepräsident der Universität Regensburg
1977–1982	Erzbischof von München und Freising
1977	27. Juni: Erhebung zum Kardinal
1981–2005	Präfekt der römischen Kongregation für die Glaubenslehre
1992	Mitglied der Académie des Sciences Morales et Politiques de l'Institut de France, Paris
2002–2005	Dekan des Kardinalskollegiums
2005	19. April: zum Papst gewählt 24. April: Amtseinführung

	18.–21. August: Erste Auslandsreise zum Weltjugendtag nach Köln
2006	25.–28. Mai: Reise nach Polen, Besuch des Konzentrationslagers Auschwitz-Birkenau
	9.–14. September: Reise nach Bayern
2008	18. April: Rede vor der Vollversammlung der Vereinten Nationen in New York
2011	22.–25. September: Dritte Reise nach Deutschland, Rede im Deutschen Bundestag
2013	11. Februar: Ankündigung des Amtsverzichts vor den zum Konsistorium versammelten Kardinälen
	28. Februar: Rücktritt vom Amt des Bischofs von Rom
	2. Mai: Einzug im Kloster Mater Ecclesiae in den Vatikanischen Gärten
2020	18.–22. Juni: Besuch beim todkranken Bruder Georg in Regensburg
2022	31. Dezember: Tod im Kloster Mater Ecclesiae
2023	5. Januar: Beisetzung in den Vatikanischen Grotten

Bildnachweis

dpa picture-alliance: 78, 90, 105, 124, 165, 173, 177
Franz X. Bogner: 143
https://commons.wikimedia.org: 18, 21 (O DM, CC BY-SA 4.0), 75 (Ricardo Stuckert/PR – Agência Brasil, CC BY 3.0 BR)
Katholische Akademie in Bayern: 117
KNA: 26, 35, 53, 61, 134
Reinhard Richardi: 56
Stefan Liebl: 71

Umschlagmotive: Vordereite: Papst Benedikt XVI. 2006 in Regensburg (altro foto – die fotoagentur): Rückseite: Papst Benedikt im Februar 2013 (Eric Vandeville / akg-images).

Benutzte Literatur in Auswahl

„JRGS“: Joseph Ratzinger, Gesammelte Schriften

Seit 2008 widmet sich das Regensburger „Institut Papst Benedikt XVI.“ gemeinsam mit dem Verlag Herder der Herausgabe des Gesamtwerks von Joseph Ratzinger bis zur Papstwahl 2005. Die von Kardinal Gerhard Ludwig Müller herausgegebene Edition ist auf 16 Bände angelegt, von denen mittlerweile 14 erschienen sind.

Einzelne Bücher und Aufsätze von Joseph Ratzinger

RATZINGER JOSEPH: Aus meinem Leben. Erinnerungen (1927–1977), München 1998

– / D'ARCAIS Paolo Flores: Gibt es Gott? Wahrheit, Glaube, Atheismus. Berlin 2006

–: Das Fest des Glaubens. Versuch zur Theologie des Gottesdienstes, Einsiedeln [3]1993

–: Das neue Volk Gottes. Entwürfe zur Eschatologie, Düsseldorf 1969

–: Der Dialog der Religionen und das jüdisch-christliche Verhältnis. In: Internationale katholische Zeitschrift Communio 26 (1997), 419–429

–: Der Geist der Liturgie. Eine Einführung, Freiburg [6]2002

–: Der Gott Jesu Christi. Betrachtungen über den Dreieinigen Gott, München 2006

–: Die Geschichtstheologie des heiligen Bonaventura, St. Ottilien 1992

–: Die neuen Heiden und die Kirche. In: Hochland 51 (1958/59), 1–11

–: Die Vielfalt der Religionen und der Eine Bund, Bad Tölz [2]1998

–: Dogma und Verkündigung, München 1973

–: Ein Briefwechsel zwischen Metropolit Damaskinos und Kardinal Ratzinger. In: Internationale katholische Zeitschrift Communio 30 (2001), 282–296

–: Einführung in das Christentum. Vorlesungen über das katholische Glaubensbekenntnis, München 1968

–: Ein neues Lied für den Herrn. Christusglaube und Liturgie in der Gegenwart, Freiburg 1995

–: Eschatologie – Tod und ewiges Leben (Kleine Katholische Dogmatik von Johann Auer und Joseph Ratzinger, Band IX), Regensburg 1977

–: Evangelium. Katechese. Katechismus. Streiflichter auf den Katechismus der katholischen Kirche, München 1995

–: Freiheit und Bindung in der Kirche. Vortrag anlässlich der öffentlichen Jahrestagung des Vereins der Freunde der Universität Regensburg e. V. am 15. Juli 1981, hrsg. vom Verein, Regensburg o. J. (1981)

– : Gott und die Welt. Glauben und Leben in unserer Zeit. Ein Gespräch mit Peter Seewald, Stuttgart [3]2001
– : Glaube und Zukunft, München 1970
– : Glaube – Wahrheit – Toleranz. Das Christentum und die Weltreligionen, Freiburg [3]2004
– : Glaube, Wahrheit und Kultur. Reflexionen im Anschluss an die Enzyklika "Fides et ratio". In: Internationale katholische Zeitschrift Communio 28 (1999), 289–305
– / HABERMAS Jürgen: Dialektik der Säkularisierung. Über Vernunft und Religion, hrsg. von Florian Schuller, Freiburg 2005
– / HOMMES Ulrich: Das Heil des Menschen. Innerweltlich – Christlich, München 1975
– : Jesus Christus heute. In: Internationale katholische Zeitschrift Communio 19 (1990), 56–70
– / MAIER Hans: Demokratie in der Kirche. Möglichkeiten und Grenzen, Limburg – Kevelaer [2]2005
– : Salz der Erde. Christentum und katholische Kirche an der Jahrtausendwende. Ein Gespräch mit Peter Seewald, Stuttgart [2]1996
– (Hg.): Schriftauslegung im Widerstreit (Quaestiones Disputatae 117), Freiburg 1989
– : Theologische Prinzipienlehre. Bausteine zur Fundamentaltheologie, München 1982
– : Volk und Haus Gottes in Augustins Lehre von der Kirche (Münchener Theologische Studien, II. systematische Abteilung, 7. Band), München 1954
– / VON BALTHASAR Hans Urs: Zwei Plädoyers. Warum ich noch ein Christ bin. Warum ich noch in der Kirche bin (Münchener Akademie-Schriften), München 1971
– : Vom Sinn des Christseins. Drei Predigten, München 2005
– : Vom Wiederauffinden der Mitte. Grundorientierungen. Texte aus vier Jahrzehnten. Hrsg. vom Schülerkreis, Freiburg 1997
– : Wahrheit, Werte, Macht. Prüfsteine der pluralistischen Gesellschaft, Freiburg [3]1995
– : Was heißt Erneuerung der Kirche? In: Diakonia 1 (1966), 303–316
– : Weltoffene Kirche? Überlegungen zur Struktur des II. Vatikanischen Konzils. In: Theodor Filthaut: Umkehr und Erneuerung. Kirche nach dem Konzil, Mainz 1966, 273–291
– : Werte in Zeiten des Umbruchs. Die Herausforderungen der Zukunft bestehen, Freiburg 2005
– : Zur Lage des Glaubens. Ein Gespräch mit Vittorio Messori, München 1985

Veröffentlichungen von Papst Benedikt XVI.

Benedikt XVI.: Die Ökologie des Menschen. Die großen Reden des Papstes, München 2012

– : Die Liebe Gottes lehren und lernen. Priestersein heute, Freiburg 2016

– : Enzyklika Deus Caritas est von Papst Benedikt XVI. an die Bischöfe, an die Priester und Diakone, an die gottgeweihten Personen und an alle Christgläubigen über die christliche Liebe, 25. Dezember 2005 (Verlautbarungen des Apostolischen Stuhls Nr. 171), hg. vom Sekretariat der Deutschen Bischofskonferenz, Bonn 2006

– : Enzyklika Spe Salvi von Papst Benedikt XVI. an die Bischöfe, an die Priester und Diakone, an die gottgeweihten Personen und an alle Christgläubigen über die christliche Hoffnung, 30. November 2007 (Verlautbarungen des Apostolischen Stuhls Nr. 179), hg. vom Sekretariat der Deutschen Bischofskonferenz, Bonn 2007

– / Papst Franziskus: Enzyklika Lumen Fidei von Papst Franziskus an die Bischöfe, an die Priester und Diakone, an die gottgeweihten Personen und an alle Christgläubigen über den Glauben, 29. Juni 2013, http://w2.vatican.va/content/francesco/de/encyclicals/documents/papa-francesco_20130629_enciclica-lumen-fidei.html

– : Gottes Revolution. Die Botschaft des Papstes an die Jugend der Welt. Freiburg 2005

– : Jesus von Nazareth. Erster Teil: Von der Taufe im Jordan bis zur Verklärung, Freiburg 2007

– : Jesus von Nazareth. Zweiter Teil: Vom Einzug in Jerusalem bis zur Auferstehung, Freiburg 2011

– : Jesus von Nazareth. Prolog: Die Kindheitsgeschichten, Freiburg 2012

– : Letzte Gespräche mit Peter Seewald, München 2016

– : Licht der Welt. Der Papst, die Kirche und die Zeichen der Zeit. Ein Gespräch mit Peter Seewald, Freiburg 2010

– : Wir müssen anders leben! Damit die Schöpfung überleben kann, hg. von Jürgen Erbacher, Freiburg 2012

– : Zur Gemeinschaft gerufen. Kirche heute verstehen, Freiburg 2005

Sekundärliteratur

Allen John L.: Kardinal Ratzinger, Düsseldorf 2002

– : The Rise of Benedikt XVI. The Inside Story of how the Pope was elected and where he will take the Catholic Church, New York 2005

Beinert Wolfgang: Vatikan und Pius-Brüder. Anatomie einer Krise, Freiburg 2009

Derwahl Freddy: Der mit dem Fahrrad und der mit dem Alfa kam. Benedikt XVI. und Hans Küng – ein Doppelporträt, München 2006

Demel Sabine: Frauen und kirchliches Amt. Vom Ende eines Tabus in der katholischen Kirche, Freiburg 2004

Feichtlbauer Hubert: Neuer Papst – Hoffnung für wen? Wien 2005

Feldmann Christian: Benedikt XVI. Der bayerische Papst. Von Regensburg und München auf den Stuhl Petri, Regensburg 2005

–: Papst Benedikt XVI. Eine kritische Biographie, Reinbek bei Hamburg [2]2006

–: Benedikt XVI. Bilanz des deutschen Papstes, Freiburg 2013

Fischer Heinz-Joachim: Benedikt XVI. Ein Porträt, Freiburg 2005

Glucksmann André: Typhons Schreckgespenst, in: Gott, rette die Vernunft! Die Regensburger Vorlesung des Papstes in der philosophischen Diskussion, Augsburg 2008, 97–118

Guerriero Elio: Benedikt XVI. Die Biografie, Freiburg 2018

Häring Hermann: Theologie und Ideologie bei Joseph Ratzinger, Düsseldorf 2001

Hieke Thomas: Die Wahrheit ist eine Person. Marginalien eines Alttestamentlers zum zweiten Teil des Jesus-Buches von Papst Benedikt XVI., in: Tod und Auferstehung Jesu. Theologische Antworten auf das Buch des Papstes, hg. von Thomas Söding, Freiburg 2011, 17–32

Kempis Stefan von (Hg.): Das Schweigen Gottes ertragen. Päpste und ihre Zweifel, Ostfildern 2018

Kissler Alexander: Der deutsche Papst. Benedikt XVI. und seine schwierige Heimat, Freiburg 2005

Koch Kurt: Das Geheimnis des Senfkorns. Grundzüge des theologischen Denkens von Papst Benedikt XVI. (Ratzinger-Studien 3), Regensburg 2010

Maier Hans: Bayer und Weltbürger – Begegnungen mit Joseph Ratzinger. In: Münchener Theologische Zeitschrift 56 (2005), 498–504

Mussner Franz: Ein Buch der Beziehungen, in: Das Jesus-Buch des Papstes. Die Antwort der Neutestamentler, hg. von Thomas Söding, Freiburg 2007, 87–98

Neuser Jacob: Rabbi Jesus im Spannungsfeld von Theologie und Geschichtswissenschaft, in: Passion aus Liebe. Das Jesus-Buch des Papstes in der Diskussion, hg. von Jan-Heiner Tück, Ostfildern 2011, 110–125

Nuzzi Gianluigi: Seine Heiligkeit. Die geheimen Dokumente aus dem Schreibtisch von Papst Benedikt XVI., München – Zürich 2012